原來「秦漢」這麼鬧？

朱燕 著

樂

打輸要當戰犯、打贏被當隱患

想保住人頭到底該怎麼辦？

打仗無敵的項羽，卻輸在火爆脾氣

緹縈一封信救父一命，少女也能改變國家制度

誰能笑到最後稱王封后？

歷史課沒講的細節，這本通通說給你聽！

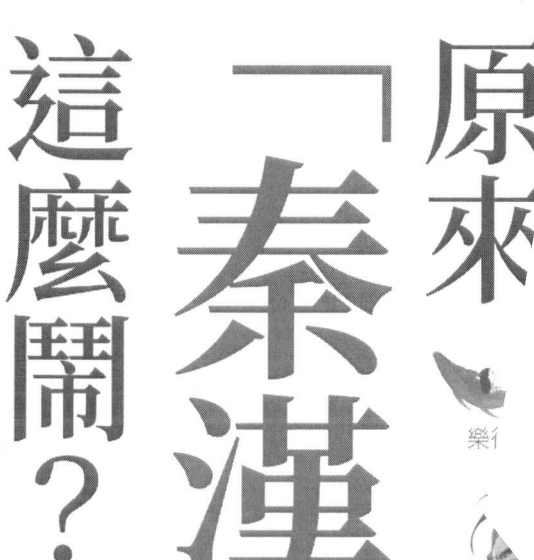

目錄

目錄

秦朝：霸業起點

千古一帝

在中華大地這個歷史舞臺上，來去匆匆地走過了很多風雲人物，秦始皇就是其中一位。他從父輩的手中接過了統一六國的接力棒，奮力打拚，終於跑到了終點，建立了一個空前統一和富強的秦帝國，把中國推向了「大一統時代」，成為名震天下的「千古一帝」。

亂世王孫，身世離奇

秦始皇，嬴姓，趙氏，名政，又稱趙政。

嬴政原本距離秦國的王位十分遙遠，卻在機緣巧合下登上了王位的寶座。他勵精圖治，指揮若定，最終憑藉自己的雄才偉略完成了統一六國的大業，開創了秦帝國，成為中國歷史上第一位皇帝。

秦始皇為何出生在距離秦國千里之遙的趙國呢？這就要從

他的父親 —— 秦莊襄王嬴異人說起了。嬴異人是當時秦國太子安國君（秦孝文王）的兒子，他的母親夏姬身分低微，所以嬴異人不受父親重視，在年少時便作為人質被送到趙國都城邯鄲，處境很窘迫。

當時，陽翟[001]有個叫呂不韋的富商，他是一個善於投機的商人。有一次他經過邯鄲，偶然遇到了嬴異人，便覺得奇貨可居[002]，就開始傾心結交，並把自己的姬妾趙姬獻給嬴異人。隨後趙姬生下一個兒子，就是嬴政。因為孩子出生在正月，所以取名為「政」。

呂不韋是一個很有手腕的政治投機者，他精心結交安國君最寵愛的華陽夫人，想方設法讓沒有子嗣的華陽夫人收養嬴異人為嗣子，為嬴異人獲得太子之位鋪平了道路。安國君死後，太子嬴異人坐上了秦王寶座，就是後來的秦莊襄王。他上位後立趙姬為王后，嬴政為太子，封呂不韋為相。

嬴異人即位不久便去世了。西元前二四七年，嬴政繼承王位，那時他還只是一個十三歲的少年。西元前二三八年，二十二歲的嬴政加冠[003]親政。他先是平定了宦官嫪毐[004]發動的

---

[001] 翟：ㄉㄧˊ。

[002] 奇貨可居：商人把難得的貨物囤積起來，等待高價出售。也比喻憑藉某種獨特的技能或成就，作為要求名利地位的本錢。

[003] 加冠：古代男子一般二十歲行加冠禮，表示成年。加冠禮在宗廟中舉行，由指定的貴賓給行加冠禮的青年加冠（帽子）。

[004] 嫪毐：ㄌㄠˋ ㄞˇ。

宮廷政變，又借嫪毐事件免去了掌握實權的呂不韋的職務，把朝政大權收回自己手中。

統一六國，開創霸業

清除了對自己政權構成威脅的人後，嬴政便開始對東方六國採取軍事行動，準備一統六國。

嬴政手下有一批很有才幹的文臣武將，如李斯、尉繚、蒙毅、王翦、王賁[005]、李信、蒙恬等。在他們的輔佐下，嬴政採取了遠交近攻、集中兵力、先易後難等方針，前後用了十年時間，滅掉了韓國、趙國、魏國、楚國、燕國、齊國，統一了中國。

在消滅實力較強的楚國時，嬴政和名將王翦出現了磨擦。

王翦是關中頻陽東鄉人，少年時就很喜歡兵法，長大後為秦王嬴政效力。

秦國的另一位將領李信，年輕有為，英勇威武，曾帶著幾千士兵把燕太子丹追擊到衍水，最終打敗燕軍，活捉了太子丹。嬴政認為李信非常賢能勇敢。

一天，嬴政問李信：「我想攻打楚國，在將軍看來需要多少士兵？」李信說：「最多不過二十萬。」嬴政又問王翦，王翦說：「非六十萬人不可。」嬴政說：「王將軍老了，有什麼好膽怯的呢！還是李將軍果斷勇敢，他的話是對的。」

於是，嬴政就派李信和蒙恬帶兵二十萬向南進軍攻打楚國。

---

[005] 賁：ㄅㄣ。

王翦的話沒被採用，便稱病回鄉養老。結果，李信的軍隊在楚國遭遇敗仗，潰不成軍。

嬴政聽到這個消息後，親自快馬加鞭奔往頻陽找王翦。見到王翦後，他道歉說：「由於我沒採用您的計策，使秦軍大敗。現在聽說楚軍每天都在向西逼近，將軍難道忍心拋棄我嗎？」王翦說：「大王一定要用我的話，沒有六十萬人可不行。」嬴政說：「全聽將軍謀劃。」於是王翦率領著六十萬大軍出發了，嬴政親自為大軍送行。

王翦後來代替李信攻打楚國，並打敗了楚軍。

就這樣，在嬴政的謀劃下，秦國用了十年時間先後消滅了東方六國，一統中國。從此，春秋戰國時期的諸侯爭霸、連年混戰的局面結束了，六國統一於秦。

這一年，嬴政三十九歲。

推行改革，開創帝制

統一六國後，嬴政認為自己的功勞勝過之前的三皇五帝，便將其中的「皇」和「帝」並稱為「皇帝」，稱自己為「始皇帝」。他還推行了一整套鞏固統一封建帝國的改革措施，對中國政治、經濟、文化的統一和發展影響深遠。

秦國統一天下後，如何有效治理龐大的帝國成為擺在秦朝君臣面前的一個重大問題。當時不少大臣，特別是丞相王綰[006]認為，原來的楚、燕、齊等國家的領土都遠離秦國，所以主張實行分封制，授予貴族、功臣以世襲的諸侯名分。廷尉李斯卻力排眾議，認為分封制是周朝諸侯混戰的根源，他大膽地提出，周朝制定的分封制是一個政治災難。周王室的貴族們獲得了土地，就開始互相疏遠、彼此攻擊，而周天子形同虛設，無力阻止，最終導致諸侯混戰、天下大亂。秦始皇十分贊同李斯的意見，廢除了商、周留下來的分封制，實行郡縣制，把全國分為三十六郡，郡下設縣，縣以下依次是鄉、亭、里、什、伍。從此，郡縣制成為之後各朝地方政制的基礎。

秦始皇還在中央設立「三公九卿」，幫助皇帝處理國家大事。「三公」是丞相、太尉和御史大夫，「九卿」是奉常、郎中令、衛尉、太僕、廷尉、典客、宗正、治粟內史、少府，分別掌管宗廟禮儀、宮殿警衛、外交事務等國家大事。這樣，從中央到地方，一切權力均集中於皇帝，中央集權制的君主統治就這樣確定了下來。

除了政治體制改革外，秦始皇還採取了一系列措施來鞏固集權統治：抗擊匈奴，修建長城，修建以都城咸陽為中心的馳道，改革並統一了度量衡和貨幣，統一文字。這些舉措大大促進了各地經濟、文化的交流和發展。

---

[006] 綰：ㄨㄢˇ。

秦始皇是中國歷史上第一個稱皇帝的君主，其功績也實屬非凡。雖然他在晚年大興土木，為百姓帶來了深重的災難，但他的功績遠遠大於他的過失。

相關連結：「度量衡」指的是什麼？

「度量衡」是指在日常生活中用於計量物體長短、容積、輕重的統稱。度，是計量長短用的標準；量，是測定計算容積的標準；衡，是測量物體輕重的工具。

春秋戰國時期，群雄並立，各國度量衡大小不一。秦始皇統一全國後，頒發統一度量衡詔書，制定了一套嚴格的管理制度，為中國兩千多年封建社會的度量衡制奠定了基礎。

從小吏到丞相

秦朝丞相李斯是一代名臣，為秦始皇統一六國獻上了許多良策。李斯的一生富有傳奇色彩，他本來只是一個默默無聞的小吏，後來成為一人之下、萬人之上的丞相；他曾經妒賢嫉能，陷害自己的同門師弟韓非；到最後，他自己也遭人陷害，被判腰斬[007]。他的老師荀子曾經預測，李斯會是自己最出色的學

[007]　腰斬：古代的一種酷刑，將犯人從腰部斬為兩截。

生，卻不得善終。那麼，李斯的一生經歷了什麼？他的事蹟帶給我們哪些啟示呢？

從老鼠的遭遇中醒悟人生

兩千多年前的楚國上蔡郡府內，有一個年輕的小吏，懷抱雄心壯志，夢想著有一天能闖出一番大事業。可他懷才不遇了八年，僅在郡府的糧倉裡當文書，每天也就是在竹簡上記錄幾筆糧穀的進出。

平淡的差事，乏味的日子，狹小的生存環境，何談大展宏圖？

一天，這個小吏到糧倉外的茅房如廁，看見了竄動的老鼠，在糞坑內尋找食物。這些老鼠縮頭探腦，毛髮溼亂，骯髒不堪。這時，他想到了糧倉裡的那些老鼠，一個個吃得肥大壯碩，皮毛油亮，神氣活現。他心中不免感嘆：這些茅房裡的老鼠和糧倉裡的老鼠就是不一樣！

由老鼠的遭遇聯想到自己的處境，這位年輕小吏幡然醒悟：人生如鼠，位置不同，命運也就不同！於是，他立即辭去了糧倉文書的差事，離開了家鄉上蔡郡。他歷經周折，拜到一代宗師荀子的門下，後來又輾轉到了秦國。最終安家在都城咸陽，並住進了氣勢恢宏的丞相府。

這個人就是後來輔助秦始皇消滅六國、統一天下的李斯。

〈諫逐客書〉，一篇雄文說服秦王

李斯到了秦國以後，很快就得到秦相呂不韋的器重，成為秦國的官員，有了接近秦王的機會。

當時，秦王一心統一六國，靠近秦國的韓國擔心被秦國消滅，就派水工鄭國[008]到秦國鼓動修建水渠，目的是為了削弱秦國的人力和物力，牽制秦國東進。後來，鄭國修渠的目的曝光。這時，東方各國也紛紛派間諜來秦國作客，秦國群臣對外來的客卿有諸多非議，就對秦王說：「來秦國的外國人，幾乎都是為了他們國家的利益來瓦解秦國，請大王下令驅逐一切來客。」於是，秦王下了一道「逐客令」，李斯也在被逐之列。

李斯寫了一封信給秦王，勸秦王不要驅逐來客，這就是歷史上著名的〈諫逐客書〉。李斯說：「我聽說群臣議論逐客，這是不對的。從前秦穆公求賢人，從西戎請來由余，從東方的楚國請來百里奚，從宋國迎來蹇叔，任用從晉國來的丕[009]豹、公孫支。秦穆公任用了這五人，兼併了二十國，稱霸西戎。秦孝公重用商鞅，實行新法，移風易俗，國家富強，打敗了楚、魏，擴地千里，使秦國壯大。秦惠王用張儀的計謀，拆散了六國合縱[010]抗秦，迫使各國服從秦國。秦昭王得范雎[011]，削弱貴戚力量，加強了王權，蠶食諸侯，秦成帝業。這四代君王由於任用客卿，對秦國貢獻良多。如果這四位君王當初也下令逐客，國

[008] 鄭國：人名。

[009] 丕：ㄆㄧ。

[010] 合縱：與「連橫」相對應，「合縱連橫」實際上是戰國時期的秦國和東方六國的外交、軍事戰爭。「合縱」就是南北縱列的國家聯合，共同對付秦國；「連橫」就是秦國拉攏一些國家，一起進攻其他國家。

[011] 雎：ㄐㄩ。

家就不會有富利之實，也無法壯大了。」

秦王嬴政明辨是非，果斷採納了李斯的建議，立即撤回了「逐客令」。李斯受到重用，被封為廷尉，後來更被任命為丞相，輔助秦始皇推行郡縣制，統一度量衡和文字，加強中央集權，成為中國歷史上的一代名臣。

「沙丘之變」後走向覆滅

西元前 210 年十月，年近半百的秦始皇在第五次出巡途中病倒了。隨著病勢一天天加重，秦始皇深知自己大限已到，想盡快確定立儲之事。秦始皇招來兼管皇帝符璽和宣詔的宦官趙高，讓他代擬一道詔書給長子扶蘇。當時扶蘇正在上郡監軍，秦始皇命扶蘇將軍事大權交給將軍蒙恬，盡速趕回咸陽主持喪事。這實際上已確認了扶蘇繼承者的身分。但趙高心懷鬼胎，他一向與扶蘇不合，擔心扶蘇繼承帝位後自己地位不保；而幼子胡亥昏庸無知，若胡亥繼任帝位，容易控制。因此，趙高暗中扣壓了遺詔。

不久，秦始皇駕崩於沙丘。趙高知道，若想實現自己改立胡亥的陰謀，必須得到丞相李斯的支持，為此他費了一番心機。趙高知道李斯出身布衣，正是因為不堪卑賤窮困才效命於秦始皇。而今雖然位居三公，享盡榮華富貴，但依然時時為自己的未來擔憂，唯恐有一天眼前的一切都化為泡影。趙高便決定從李斯的這個弱點入手。

趙高與李斯密會，說出了自己準備改立幼子胡亥的打算，並且威脅道：「大公子扶蘇一旦即位，丞相之職必定落入他所信任的蒙恬之手，到時候你還能得善終嗎？」李斯心亂如麻，一番掙扎後與趙高妥協。兩人假託秦始皇之命，立胡亥為太子，又另外炮製了一份詔書送往上郡，以「不忠不孝」的罪名賜扶蘇與蒙恬自裁，胡亥正式登基，就是秦二世。

胡亥即位後寵信趙高，自己不理政事，只顧尋歡作樂。趙高的野心不斷膨脹，想用陰謀除掉李斯，讓自己成為一人之下、萬人之上的丞相。在趙高的讒言和設計下，胡亥十分厭惡李斯。一日，李斯上奏，建議暫停阿房宮的工程，減少邊區戍守和轉運，以平息民憤。秦二世惱羞成怒，在趙高的蠱惑下，下令審辦李斯的「謀反之罪」。

胡亥派趙高親自督辦李斯父子的「謀反」案。趙高天天嚴刑逼供，打得李斯皮開肉綻，體無完膚。李斯在獄中多次上書，卻都被趙高扣壓。最後，李斯就屈打成招了。

西元前 208 年七月，李斯被判在咸陽街市腰斬。李斯被押往刑場時，他的次子也在死刑犯隊伍之中，李斯回頭對次子說：「我想再一次和你一起牽著黃狗出東門打獵，追逐狡兔，但現在又怎能辦到呢！」父子二人相對痛哭。

司馬遷在《史記》中評說：「李斯以一介里巷平民的身分遊歷諸侯，入關侍奉秦國，輔佐秦始皇完成統一大業。他位居三公之職，可以稱得上是備受重用。李斯懂得儒家六經的要旨，卻不致力於政治清明、彌補皇帝的過失，反而憑仗顯貴的地位，阿諛奉承，隨意附和，推行酷刑峻法。最後更是聽信趙高的邪說，廢掉嫡子扶蘇而立庶子胡亥。等到各地群起反叛，李斯這才想起直言勸諫，這不是太愚蠢了嗎？」

相關連結：黃犬之嘆

李斯遭到趙高的陷害，被判腰斬。臨刑之前，李斯想到不能再與其子牽黃犬共出上蔡東門追獵狡兔，父子相對大哭。後來人們便用「黃犬之嘆」指悔恨貪圖富貴而招致災禍。

名將蒙恬

蒙恬是秦始皇時期的著名將領，他出身武將世家，胸懷大志，英勇善戰，深得秦始皇信任和器重。蒙恬最著名的功績就是北擊匈奴、修建長城。賈誼在〈過秦論〉中評價說：「乃使蒙恬北築長城而守藩籬，卻匈奴七百餘里；胡人不敢南下而牧馬，士不敢彎弓而報怨。」蒙恬是古代開墾寧夏第一人。

北擊匈奴，威震敵膽

蒙恬的祖先是齊國人，他的祖父蒙驁、父親蒙武都是戰功赫赫的將軍，為秦國攻城略地、開疆拓土，立下了汗馬功勞。

到了蒙恬這一代，更是青出於藍而勝於藍。秦始皇外出時，蒙恬的弟弟蒙毅常常與秦始皇共乘一車，在朝時又侍從秦始皇左右。蒙恬兄弟二人，一個負責對外軍事，一個謀劃國內政事，有忠信為國的美名，深得秦始皇信任和器重。

平定六國之後，就要著手處理匈奴的外患問題。當時，秦國的邊境經常受到逐漸強大起來的匈奴掠奪，帝國的安全受到了嚴重威脅。而且，在秦國尚未統一六國前，匈奴就經常掠奪內地百姓的牲畜、財產，與其相鄰的燕、趙等國更是深受其害。尤為嚴重的是，在秦征伐六國的尾聲，匈奴乘機跨過黃河，占領了河套[012]以南的大片土地，即所謂的「河南地」，直接威脅都城咸陽的安全，成為秦帝國的心腹之患。

這給了心懷忠君愛國抱負的蒙恬很大的發揮空間。在隨後的河套戰場上，這位猛將讓匈奴嘗盡屢戰屢敗的滋味。

西元前二一五年，秦始皇以蒙恬為帥，命他統領三十萬秦軍北擊匈奴。在黃河之濱，以步兵為主的秦軍與匈奴騎兵展開了一場生死之戰。蒙恬率領的軍隊以銳不可擋的破竹之勢，在黃

[012]　河套：指黃河從寧夏橫城到陝西府穀的一段。過去也指黃河的這一段包圍的地區；現在指黃河的這一段和賀蘭山、狼山、大青山之間的地區。

河上游擊敗匈奴各部大軍，迫使匈奴望風而逃，遠去大漠以北七百里。蒙恬僅一戰就重創彪悍勇猛的匈奴，使其潰不成軍，四處狼奔豕突[013]，幾十年不敢再犯中原。

[013]　狼奔豕突：豕，ㄕˇ。狼奔豕突，狼和豬東奔西跑，形容惡人潰散的場面。

修建長城，千古留名

在打敗匈奴、退敵千里之後，蒙恬帶兵繼續堅守邊陲。蒙恬根據「用險制塞」的策略，決定修建城牆來抵抗匈奴南下的騎兵。他率領幾十萬軍隊和百姓修建長城，讓戰國時期的秦、趙、燕三國北邊的防護城牆相連，並重新加以整修和加固。

在蒙恬的努力下，秦朝建起了西起臨洮、東到遼東的長達五千多公里的萬里長城，用來保衛北方農業區域免遭游牧匈奴騎兵的侵襲。蒙恬在修築萬里長城的壯舉中扮演了非常重要的角色。

同時，蒙恬沿黃河河套一帶劃分了四十四個縣，統屬九原郡。西元前 211 年，蒙恬又發遣三萬多名罪犯到洮河、榆中一帶墾殖，發展經濟，加強軍事後備力量。這些措施對於邊防的鞏固影響深遠。

另外，蒙恬還派人馬從秦國都城咸陽到九原修築了寬闊的直道，突破了九原交通閉塞的困境。這不但加強了北方各族人民經濟、文化的交流和融合，更便於調遣軍隊、運送糧草器械等物資。

風風雨雨，烈日寒霜，蒙恬駐守邊關十餘載，威震匈奴，受到秦始皇的推崇和信任。

小人陷害，千古奇冤

蒙恬是一位功勳卓越、才華出眾的戰將，然而，令人想不到的是，在他的背後一直藏著一叛徒。秦始皇死後，蒙恬在此人的陰謀下被迫自殺。這個人篡奪了秦帝國的政權，也改寫了整個中國的歷史。

究竟發生了什麼事呢？

原來，蒙恬的弟弟蒙毅深受秦始皇信任，位至上卿。蒙毅執法嚴明，從不偏袒權貴，滿朝文武無人敢與其爭鋒。某日，內侍趙高犯有大罪，蒙毅依法判其死刑，卻被秦始皇給赦免了。從那時起，蒙氏兄弟便成了趙高的心病。

西元前210年，秦始皇在沙丘病死，死訊被趙高等人封鎖。趙高與丞相李斯、公子胡亥暗中謀劃政變，立胡亥為太子。隨後，趙高就將黑手伸向了蒙氏。他假造秦始皇的詔書，指責公子扶蘇在外不能立功，反而怨恨父皇，派遣使者賜公子扶蘇、將軍蒙恬自盡。

扶蘇看到遺詔內容，哭著走入內宅，準備自殺。蒙恬阻止扶蘇說：「陛下如今在外，還未立太子，派我率領三十萬大軍把守邊疆，讓公子你來監督，這是關係天下安危的重大任務！如今只因一個使臣到來，你就想自殺，你怎麼知道這不是詭計？你再去請示一次，等請示之後再死也不遲！」使者在旁邊一再逼迫、催促，扶蘇為人仁弱，對蒙恬說：「如果父親命令兒子自殺，那還要再請示什麼呢？」說完便自殺了。

蒙恬卻對遺詔的內容心存疑慮。使者對蒙恬說：「你罪過太多，況且蒙毅當死，你也該被連坐[014]。」蒙恬說：「自我先人到子孫，為秦國出生入死已有三代。我統領著三十萬大軍，雖然身遭囚禁，可我的勢力足以反叛。但我知道，我應守義而死。我之所以這樣做，是不敢辱沒先人的教誨，不敢忘記先主的恩情。」

使者說：「我只是受詔來處死你，不敢傳報將軍的話給陛下。」蒙恬長嘆道：「我怎麼得罪了上天，竟無罪而被處死？」沉默良久後又說：「我的罪過本該受死，起臨洮，到遼東，築長城，挖溝渠一萬餘里，其間不可能沒挖斷地脈，這便是我的罪過呀！」於是蒙恬吞藥自殺。

相關連結：蒙恬為什麼被稱為「筆祖」？

蒙恬被後世尊稱為「筆祖」，據說是因為毛筆是他發明的。相傳，蒙恬率秦軍與楚軍交戰，為了讓秦王能及時了解戰場上的情況，蒙恬要定期寫戰況報告遞送秦王。那時，人們通常是用竹籤蘸墨，然後再在絹布上寫字，書寫速度極慢。在一個偶然的機會下，蒙恬嘗試用兔毫來蘸墨書寫，幾經試驗，取得了

[014]　連坐：古時一個人犯法，家屬、親族、鄰居等都要連帶受罰。

良好的效果。這就是毛筆的由來。

後世也有學者認為，早在蒙恬之前，就已經有人開始使用毛筆了，蒙恬可能是改良了毛筆的製作工藝。

長工陳勝

在強秦的殘暴統治下，每個人都戰戰兢兢、提心吊膽。然而，一個長工出身的年輕人卻挺身而出，點燃了反抗強秦的第一支火把，重創了秦朝的統治根基。他沒有高貴的出身，沒有淵博的知識，沒有過人的韜略，但歷史卻偏偏選擇了這個年輕人成為強秦的掘墓人。

暴虐的統治激起民憤

秦始皇為了抵抗匈奴，派人修建長城，發兵三十萬，徵集了民夫[015]幾十萬；為了開發南方，動員了軍民三十萬；又用七十萬囚犯動工建造巨大豪華的阿房宮。

到了秦二世即位，秦二世從各地徵調了幾十萬囚犯和民夫，大規模修造秦始皇陵墓。這座陵墓很大、很深，需要熔化大量的銅鑄地基，上頭還要蓋石室、墓道和墓穴。秦二世還讓

[015] 民夫：舊時稱為官府、軍隊服勞役的人。

工匠在陵墓裡挖出江河湖海的樣子，灌入水銀。安葬完秦始皇，為了防備將來可能有人盜墓，就命工匠在墓穴裡裝機關，最後竟殘酷地把所有修建陵墓的工匠全都封在墓裡。

陵墓還沒完工，秦二世和趙高又開始繼續建造阿房宮。那時全國人口不過兩千萬，前前後後被徵去築長城、守嶺南、修阿房宮、造陵墓和其他勞役的合起來差不多有兩、三百萬人，耗費了不知多少人力財力，逼得百姓怨聲載道。

哪裡有壓迫，哪裡就有反抗。在這些被迫遠離家鄉、成為勞工的百姓中，很快就出現了起義者的身影。

燕雀安知鴻鵠之志

西元前 209 年，陽城的地方官派了兩個軍官押解九百名民夫到漁陽去防守。軍官從這批壯丁中挑了兩個身體強壯、聰明能幹的人當屯長，讓他們管理其他人。這兩個人一個叫陳勝，陽城人，以前當過長工，一個叫吳廣，陽夏人，是個貧苦農民。

陳勝年輕的時候，是個很有志氣的人。他跟別的長工一起幫地主種田，心裡卻常常想：我年輕力壯，為什麼這樣經年累月地幫別人做牛做馬呢？總有一天，我要闖出一番大事業。

有一次，他跟同伴們在田邊休息，就對同伴們說：「我們將來要是富貴了，可別忘了老朋友啊！」

大家聽了覺得好笑，嘲諷地說道：「你只是幫人家賣命種田，要怎麼才能致富？」

陳勝嘆了口氣，自言自語：「唉，燕雀怎麼會懂得鴻鵠[016]的志向呢？」

陳勝和吳廣本不相識，後來當了民夫，相遇後同病相憐，便很快成了朋友。他們怕耽誤了時機，便不斷向北趕路。

魚腹藏書，篝火狐鳴

這批人馬到大澤鄉的時候，正碰到了連日大雨，水淹沒了道路，無法通行。他們只好紮營，停留下來，準備放晴再上路。

但秦朝的法令很嚴酷，被徵發的民夫如果誤期，是要被殺頭的。大家看著雨下個不停，急得像熱鍋上的螞蟻，不知道怎麼辦才好。

陳勝偷偷跟吳廣商量：「這裡離漁陽還有幾千里，怎樣也來不及了，難道我們就這樣白白送死嗎？」

吳廣說：「那怎麼可以？我們乾脆逃跑吧！」

陳勝說：「溜走被抓回來是死，造反也是死，一樣是死，還不如起義造反，就是死了也比送死好，何況老百姓吃秦朝的苦也吃夠了。聽說秦二世是個小孩，本來就輪不到他做皇帝，該登基的是公子扶蘇；還有楚國的大將項燕，大家都知道他是條

[016]　鴻鵠：指飛得很高的鳥，常用來比喻志向遠大的人。

好漢，但是現在也不知道是死是活。要是我們藉著扶蘇和項燕的名義號召天下，楚地的人一定會響應我們的。」

吳廣完全贊成陳勝的主張。為了讓大家相信他們，他們利用當時的人們大多迷信鬼神的心理，想出了一些計策。他們拿來一塊白綢條，用硃砂在上面寫上「陳勝王」三個大字，再把綢條塞進魚的肚子裡。兵士們買魚回去，剖開魚就發現了綢條上面的字，十分驚訝。

到了半夜，吳廣又偷偷跑到營房附近的一座破廟裡，點起篝火，假裝狐狸叫，接著又喊道：「大楚興，陳勝王！」全營的人都聽見了，更是又驚訝又害怕。

第二天大家一看到陳勝，就開始在背後議論著這些奇怪的事，加上陳勝平日裡待人友善，大家就更尊敬陳勝了。

有一天，兩個負責押解他們的軍官喝醉酒。吳廣故意跑過去激怒軍官，跟他們說，「反正已經來不及了，還是讓大家回去吧。」軍官聽罷果然大怒，拿起軍棍便責打吳廣，還拔出劍來威嚇他。吳廣奪過劍，順手砍倒一個軍官；陳勝也趕上去，把另一個軍官殺了。

陳勝將民夫們召集起來，高聲說：「男子漢大丈夫不能白白去送死，死也要死得有尊嚴。王侯將相，難道是命中注定的嗎？」

大家一齊高喊說：「說得好，我們都聽您的！」

陳勝讓兄弟們搭起一座高臺，做了一面大旗，旗上寫了一個斗大的「楚」字。大家對天起誓，同心協力，推翻秦朝。他們公推陳勝、吳廣為首領，九百條好漢一下子就占領了大澤鄉。附近的百姓一聽到這個消息，都趕來慰勞他們；青年們紛紛拿著鋤頭、鐵耙來投軍。人太多，刀槍和旗子不夠，他們就砍了許多木棒當作刀槍，削了竹子作旗桿。就這樣，陳勝、吳廣建立了中國史上第一支農民起義軍。

起義軍打下了陳縣，陳勝召集陳縣父老鄉親商量。大家說：「將軍替天下百姓報仇，征伐暴虐的秦國，如此大功，應該稱王。」

於是，陳勝被擁戴稱了王，國號叫「張楚」。

聲勢大振，撼動強秦根基

陳勝、吳廣的起義如同一顆燎原的火種，頓時引發各地推翻暴秦統治的熊熊烈火。各地受不了秦朝暴政之苦的人，都紛紛殺官造反。

陳勝、吳廣起義是中國史上第一次大規模的農民起義。雖然在秦朝的鎮壓下，他們的起義最後以失敗告終，但是他們的革命精神鼓舞了千百萬人民反抗殘暴的統治。它從根本上動搖了秦王朝的統治，為之後項羽、劉邦滅秦奠定了基礎。

相關連結：規模龐大的秦始皇陵

秦始皇陵是中國史上第一位皇帝嬴政的陵寢，位於陝西省西安市臨潼區城東五公里處的驪山北麓。

秦始皇陵建於西元前 247 至 208 年，歷時三十九年，是中國史上第一座規模龐大、設計完善的帝王陵寢。秦始皇陵四周分布著大量形制不同、內涵各異的陪葬坑和墓葬，其中包括舉世聞名的「世界第八大奇蹟」—— 秦始皇陵兵馬俑坑。

血戰成霸王

宋朝女詞人李清照在〈夏日絕句〉中寫道：「生當作人傑，死亦為鬼雄。至今思項羽，不肯過江東。」意思是：生時應當做人中豪傑，死後也要做鬼中英雄。到今天人們還在懷念項羽，因為他不肯苟且偷生退回江東。項羽作為中國史上赫赫有名的「西楚霸王」，在中國史留下了濃墨重彩的一筆，是一位令人敬佩又惋惜的悲劇英雄。

英武不凡，走上抗秦之路

戰國末年，糊塗短視的楚懷王被秦國君臣一再矇騙，最後這個一國之君竟然客死秦國，激起了楚國人民的同情和憤慨。所以，楚國流傳著「楚雖三戶，亡秦必楚」的說法。意思是：即使楚國只剩下三個氏族，也能滅掉秦國。

沒想到，歷史真的應驗了這句話，在楚地率先起義、打出「張楚」政權旗號的陳勝，後來奮勇推翻秦朝統治的項羽、劉邦，都和楚國有密切的聯繫。

項羽是楚國下相人，名籍。項羽的叔父名叫項梁，項梁的父親是項燕，就是被秦將王翦殺害的那位楚國大將。項氏世世代代都是楚國的大將，封在項地，所以姓項。

項羽小的時候曾學習寫字、識字，但還沒學會就不學了，又學習劍術，也沒有學成。他的叔父項梁很生氣，項羽卻說：「寫字，能夠用來記姓名就好了；劍術，也只能打敗一個人，不值得學，我要學的是能戰勝萬人的本事。」於是，項梁就教項羽兵法，項羽非常高興，可是剛剛懂了一點兵法的大義，就又不肯繼續鑽研了。

後來項梁殺了人，為了躲避仇人，和項羽一起逃到吳中郡。秦始皇遊覽會稽[017]郡渡浙江時，項梁和項羽一起去看熱鬧。項羽說：「那個人，我可以取代他！」項梁急忙捂住他的嘴，「不要亂說，會被滿門抄斬的！」但項梁卻因此而感到項羽很不尋常。

西元前 209 年，陳勝等在大澤鄉起義。當年九月，會稽郡守殷通對項梁說：「大江以西全都造反了，這是上天要亡秦啊！我也打算起兵反秦，希望讓您和桓楚統領軍隊。」

當時，桓楚正逃亡在草澤之中。項梁說：「桓楚正在外逃亡，別人都不知道他在哪，只有項羽知道。」於是項梁囑咐項羽持劍在外面等候，然後又進來跟殷通一起坐下，說：「讓我喊項

[017] 會稽：ㄎㄨㄞˋ。中國古代郡名，位於長江一帶。

羽進來，讓他去召喚桓楚。」殷通說：「好吧！」項梁就叫項羽進來，對項羽眼神示意，說：「可以行動了！」項羽便拔出劍斬下了殷通的頭。

項梁手裡提著殷通的頭，身上掛了郡守的官印。殷通的部下非常驚慌，一片混亂，項羽一連殺了一百多人，整個郡府上下都嚇得趴倒在地，沒有一個人敢站起來。項梁召集原先所熟悉的豪強官吏，向他們說明起義反秦的理由，發動吳中之兵起事。並派人去接收吳中郡下屬各縣，共得精兵八千人。項梁成為會稽郡守，項羽成為副將，巡行下屬各縣。

鉅鹿大戰，破釜沉舟

正在項梁、項羽叔姪舉起抗秦大旗的時候，西元前 208 年六月，他們聽到了一個消息：在大澤鄉率先起義的起義軍首領陳勝被叛變的車伕刺殺而死。項梁召集部下商議此事，一個名叫范增的謀士告訴項梁，民間很同情楚懷王，如果不立楚王的後人而自行稱王，一定不能長久。項梁聽取范增的意見，在民間找到楚懷王的孫子熊心，尊奉熊心為王，為了迎合民心，仍然號稱「楚懷王」。

之後，項梁、項羽調兵遣將，進攻秦朝統治的郡縣。項梁統率的軍隊連破秦軍，非常驕傲。而此時秦朝派了大量援軍支援名將章邯，章邯在得到援軍後突襲項梁，項梁兵敗被殺。章邯得勝後認為楚兵不足為慮，便引軍北渡黃河，大破趙國。趙王敗走鉅鹿，章邯率領四十萬大軍圍攻鉅鹿，趙王的處境千鈞一髮，十分危急。

為了救援被圍困的趙國，楚懷王熊心任命宋義為主帥，項羽為次將，范增為末將，率兵五萬前往支援。宋義率軍行至半路，就命令大軍駐紮下來，逗留了四十多天，遲遲不動。項羽心急如火，向宋義建議說：「秦軍圍趙於鉅鹿，我們快速引兵渡河，和趙兵內外夾攻，必然可以擊破秦軍。」但宋義想等秦、趙軍隊兩敗俱傷後再坐收漁翁之利，仍然不肯發兵，還在軍中飲酒作樂。當時天氣寒冷，又下著大雨，士卒們又冷又餓。項羽見此狀況，在一個早晨去見宋義，將其斬殺。項羽提著宋義的頭顱告訴將士：「宋義想要和齊國聯合謀反，楚懷王暗令我殺死他。」諸將因為畏懼而屈服，不敢抗拒，於是推舉項羽暫為上將軍。楚懷王也只能順水推舟，任命項羽為上將軍。

項羽殺了宋義後，威震楚國，名聞諸侯。之後，項羽率楚軍到達鉅鹿，立刻派遣英布和蒲將軍率兩萬義軍渡河，援救鉅鹿。二將渡河後初戰小勝，趙國又催促進兵。接著，項羽率領全軍渡河，命令全軍破釜沉舟[018]，燒掉房屋帳篷，只帶三日口糧，以示不勝則死的決心。他們以迅雷不及掩耳之勢直奔鉅鹿，擊敗章邯手下保護甬道的秦軍，斷絕了秦將王離的糧道，包圍了王離的軍隊。項羽的決心和勇氣，大大鼓舞了將士。楚軍包圍王離的軍隊，所有人士氣振奮，以一當十，越戰越勇。經過九場激烈的戰鬥，終於打退了章邯，活捉了王離，殺死了

[018] 破釜沉舟：打破鍋子、讓船沉沒，表示不再回來。比喻下定決心做某件事。

秦將蘇角，秦將涉間舉火自焚；其他的秦軍將士有被殺的，也有逃走的，圍困鉅鹿的秦軍就這樣瓦解了。

鉅鹿之戰，項羽以數萬兵力大敗秦國的四十萬大軍，名震諸侯。這也是中國史上以少勝多的著名戰役之一。項羽破釜沉舟，以大而無畏的精神在各諸侯軍畏縮不前時率先猛攻秦軍，帶動諸侯義軍最終全殲秦軍主力，經此一戰，秦朝主力盡喪，名存實亡。

大破秦軍後，項羽在軍營召見諸侯將領，諸將無不跪著前來，不敢仰視項羽。

分封諸侯，號稱「西楚霸王」

鉅鹿大戰，項羽消滅了秦軍主力，隨後又率領大軍向關中挺進，準備進攻秦朝都城咸陽，一舉滅亡強秦。

當初，楚懷王與各路義軍約定「先入關中者為王」。「關中」就是以秦朝都城咸陽為核心的地區。項羽行至函谷關，發現這裡有士兵把守，自己的軍隊無法通過。他還聽說，在他與秦軍主力交戰的時候，尊奉楚懷王的另一支義軍首領劉邦已經攻破咸陽，並且派遣士兵把守關口，禁止其他軍隊出入。項羽大怒，派英布攻破函谷關，四十萬大軍駐紮於新豐鴻門。劉邦見勢不妙，趕緊率領張良、樊噲[019]等手下來向項羽賠罪，說自己派兵把

[019] 樊噲：ㄈㄢˊ ㄎㄨㄞˋ。

守關口，只為防止盜賊。項羽原諒了劉邦，率領大軍進入咸陽。

項羽進入咸陽後，引兵屠戮全城，殺死秦王子嬰，火燒秦王宮，大火連燒了三個月都沒有熄滅。接著，他又蒐集寶物美女，準備返回家鄉江東[020]。一個名叫韓生的謀士勸項羽說：「關中富饒，可以成就王霸之業。」但項羽見秦王宮已經被毀壞，自己又迫切地想回江東，就說：「富貴不回故鄉，就像穿著錦繡衣裳在黑夜中行走，有誰能知道呢？」韓生背地裡說：「都說楚人是戴著帽子的猴子，愚笨不堪，現在看來果然如此。」項羽聞知，便將韓生烹死了。

項羽在得到楚懷王的同意後，自立為「西楚霸王」，又分封了劉邦等十八個諸侯王。

相關連結：秦朝的末代皇帝 —— 子嬰

子嬰，即秦三世，嬴姓，名子嬰或嬰，是秦朝最後一位統治者，在位僅四十六天。

西元前 207 年，丞相趙高逼殺秦二世，去秦帝號，立子嬰為秦王。五天後，子嬰誅殺趙高。同年十月，劉邦率兵入關，在位僅四十六天的子嬰投降劉邦，秦朝滅亡。一個多月後，項羽率軍進入咸陽，屠城縱火，殺害子嬰。

[020] 江東：長江在蕪湖、南京之間為西南、東北走向，古代是南北往來主要渡口所在的江段，習慣上稱自此地以下的南岸地區為江東。

劉邦的崛起

漢高祖劉邦是中國史上最具傳奇色彩的皇帝之一，「草莽也能當皇上」的奇蹟，他就是第一人。在他之前的歷代君王，無一例外都擁有顯赫的家世背景，而劉邦一開始只是秦帝國的一位基層小吏而已，後來又誤打誤撞成了一名逃犯。就是這樣一個人，卻只用了短短七年成了大漢帝國的開國皇帝。

奇特的身世，奇特的婚姻

劉邦的出生十分奇特，被賦予了傳奇色彩。

劉邦是沛豐邑中陽里人。據說，他的母親劉媼[021]在一個大湖旁休息時，不知不覺睡著了。當時天空雷電交加、天昏地暗，劉邦的父親劉太公見劉媼還未歸來，便前去尋找，竟看見一條蛟龍伏在劉媼身上。回家後，劉媼就懷上了孩子，這個孩子便是劉邦。

劉邦出生後，長得鼻梁高挺，頸項頎長，美鬚飄逸，左邊大腿上還有七十二顆黑痣。

劉邦不只是身世奇特，他娶妻的經歷也令人哭笑不得。

劉邦出身草莽，從小沒讀什麼書，也不喜歡種田勞動，所

[021]　媼：ㄠˇ。

以常被父親訓斥為「無賴」。但他性格豪爽，豁達大度，人緣極好。劉邦長大後，做了泗水的亭長，時間長了，劉邦和縣裡的官吏們混得很熟，在當地也小有名氣。

一天，沛縣縣令的老友呂公從山東舉家移民而來，縣裡的鄉紳、官吏都趕來湊熱鬧喝酒。主持宴會的縣吏蕭何宣布說：「凡置備禮金不夠一千錢的，只能坐在堂下。」劉邦也趕來湊熱鬧，他進門後遞了一張帖，上面寫著「賀錢萬」三個大字，實際上他一個銅板也沒給。

呂公看了「賀錢萬」的帖，大吃一驚，趕緊起身到門口相迎。這位呂公善於看人面相，劉邦一進屋，呂公馬上被他的非凡氣度所震懾，言語舉止間格外敬重劉邦。

酒過幾巡，見眾人都有點喝醉了，呂公便用眼神示意劉邦散場後留下來。劉邦會意，耐心地候到散場。呂公對劉邦說：「我年輕時就喜歡看別人面相，被我相過面的人也不計其數，從來沒有看過哪個人有這麼好的面相。我有一個女兒，希望她能成為你的妻子，一輩子侍奉你。」劉邦自然是一口答應。

呂公的女兒就是呂雉，也就是後來歷史上赫赫有名的呂后。

斬白蛇起義

不只是身世離奇，劉邦起事的經歷，也充滿傳奇色彩。

一次，身為亭長的劉邦奉命押送刑徒去驪山服役，但在半路上已經有很多人逃跑了。劉邦心想，照這個情況，還沒到驪山，這些犯人就都跑光了，到時候自己這個亭長肯定也會遭殃。依照嚴苛的秦律，自己和這些刑徒都是死路一條。與其到驪山送死，不如自己也逃跑呢。

於是劉邦一不做二不休，乾脆把剩下的刑徒全都放了，對他們說：「你們走吧，我也就此別過了。」劉邦的義舉得到了剩下刑徒們的盛讚，有十幾位壯士反倒表示願意跟著他。

劉邦就此帶領著大家逃亡。負責探路的人回來告訴他，前面有條大蛇攔路，無法通行。劉邦有點醉了，訓斥說：「我們這些勇猛之士行路，有什麼好害怕的！」他分開眾人，自己到了前面，見一條白蛇橫在路中間，便拔出寶劍將蛇斬斷。又走了一段路後，劉邦覺得頭昏，便躺在路旁休息，也等等後面的人。後方的人趕上來後，跟劉邦說在路旁看見一個老太太哭，問她原因，她說有人把她的兒子殺了。又問為什麼被殺，她說她的兒子是白帝的兒子，剛才變成蛇，卻在路邊被赤帝的兒子殺了，所以才如此難過。大家當時覺得是老太太說謊，但老太太忽然就不見了。劉邦聽了，心中暗喜，之後便藉此來提高自己的威信和地位。

舉起反秦大旗

陳勝、吳廣揭竿而起後，各地的起義風起雲湧[022]。劉邦故鄉沛縣的縣令也想響應，以繼續掌控沛縣。蕭何和曹參當時都是縣令手下的重要官吏，他們勸縣令將本縣流亡在外的人召回，一來可以增加力量，二來也可以杜絕後患。

縣令覺得有理，便讓劉邦的妹夫樊噲找回劉邦，劉邦便帶人趕回家鄉。但是後來縣令卻又後悔了，害怕劉邦回來不好控制，搞不好還會被劉邦殺死，等於引狼入室[023]。所以他命令將城門關閉，還準備捉拿蕭何和曹參。蕭何和曹參聞訊，趕忙逃到了城外，劉邦將信射進城中，鼓動城中的百姓殺掉出爾反爾的縣令，大家一起保衛家鄉。百姓對平時就不太體恤他們的縣令很不滿，殺了縣令後，大開城門迎進劉邦，又推舉他為沛公，率領大家起事。

劉邦便順從民意，設祭壇，自稱赤帝的兒子，領著民眾舉起了反秦大旗。這一年是西元前 209 年的九月，劉邦已經四十八歲了。

---

[022] 風起雲湧：大風颳起，風雲湧現，形容事物迅速發展，聲勢浩大。

[023] 引狼入室：比喻將敵人或壞人引入內部。

相關連結：皇家園林的所在地——驪山

驪山是秦嶺山脈的一個支脈。周、秦、漢、唐時期，這裡一直被作為皇家園林所在地，離宮別苑眾多。傳說，上古時期，女媧在這裡「煉石補天」；西周末年，周幽王在此上演了「烽火戲諸侯」；秦始皇將他的陵寢建在驪山腳下，留下了聞名世界的秦兵馬俑軍陣。

刀光劍影鴻門宴

人們常常用「鴻門宴」來比喻不懷好意的宴會。這場著名的宴會對中國史有著重要的影響，間接促成了項羽的敗亡以及劉邦建立漢朝。鴻門宴為何凶險？劉邦又是如何化解這場殺身之禍的？

兵分兩路，進攻秦軍

秦朝末年，陳勝、吳廣率先起義後，各地紛紛響應，起義之火成為燎原之勢。

陳勝死後，義軍中實力較強的項梁、項羽叔姪尊奉楚懷王的孫子熊心為王，仍號稱「楚懷王」。後來，項梁因為驕傲輕敵，被秦將章邯打敗，力戰身死。

章邯在項梁死後，覺得楚國已不是太大的威脅，於是將主要精力轉向了趙國。趙國被攻，向楚國求救，楚懷王在和眾將商議之後，便決定兵分兩路增援趙國。一路由宋義和項羽率軍北上，直接救援；一路則由劉邦率軍西進關中，牽制秦軍，策應北路援軍。楚王和眾將約定：誰先入定關中，誰就做天下之王。

但大家都對稱王沒抱太大的希望，因為當時的秦軍還很強大，將領們都不願意冒險西進和秦軍決戰。項羽為了為叔父項梁報仇，要求和劉邦一起西進關中，但遭到眾人反對。大家覺得項羽比劉邦更殘忍，而且年輕又沒有經驗；劉邦則是個長者，寬厚仁慈，威望較高。所以最後決定讓劉邦領兵西進關中。

一開始，劉邦也不太順利，但經過幾次戰役，劉邦步步西進，最後終於兵臨城下，到達了咸陽東邊不遠處的霸上。秦王子嬰見大勢已去，只得獻城投降，將玉璽親手交給了劉邦，秦王朝至此滅亡。

劉邦得意地進入咸陽城，並以「關中王」自居。看著富麗堂皇的宮殿，劉邦有些留戀，準備就此住下。妹夫樊噲勸他收心，天下還沒有平定，別忘了秦朝的前車之鑑。劉邦卻根本聽不進去，直到謀士張良親自來勸，他才意識到問題的嚴重性。於是，劉邦將軍隊撤回霸上。

劉邦到達霸上後，便召集當地的名士，和他們約法三章：殺人者死，傷人及盜抵罪。其他秦朝的苛刻律法一律廢除，這使劉邦得到了百姓支持。

項羽在打敗章邯迫使他投降之後，也領兵直奔關中而來，爭奪稱王。等到了函谷關，見劉邦不但已經平定了關中，而且還派兵把守函谷關，不由得大怒。他立即命令英布領兵攻打函谷關，然後領兵四十萬直奔咸陽，駐紮在鴻門。

危在旦夕，突現轉機

劉邦的屬下曹無傷對劉邦很不滿，為了升到更高的官職，他暗地派人向項羽挑撥說：「沛公劉邦想在關中稱王，然後讓子嬰做丞相，自己將秦朝的財物都納入私囊。」項羽聽後不禁火冒三丈。項羽麾下的謀士，被項羽尊為「亞父」的范增也勸項羽趁機除掉劉邦這個勁敵。項羽就下令準備，要在第二天攻打劉邦。

這時的劉邦在兵力上無法和強大的項羽抗衡，因為他只有十萬軍隊，不可能戰勝項羽的四十萬精兵。最後是項羽的叔叔項伯「救」了劉邦：項伯和劉邦的謀士張良很要好，見項羽要進攻，便連夜潛入劉邦的營中找到張良，讓他趕緊逃走，以免被殺。張良卻說不能丟下劉邦，又通報了劉邦。劉邦驚慌之下，趕忙向張良討教計策，張良就讓劉邦趕緊去見項伯，表明自己沒有和項羽爭奪王位的野心。

於是劉邦設盛宴招待項伯，還和項伯約定為兒女親家。他對項伯說：「我自從入關之後，沒有敢占有絲毫財物，將吏民進行登記造冊，把府庫封存起來，就是等著項將軍來。我之所以派兵把守函谷關，並不是阻止你們入關，而是更好地守好關中地區，防止強盜入侵。我和將士們日夜都盼望著你們能早點來，怎麼會有造反之心呢？請您回去務必向項將軍說明此事，消除誤會。」項伯滿口答應，然後對劉邦說：「你明天一定要到我們的營帳親自向項將軍說明情況，當面賠禮才能被原諒啊！」劉邦滿口答應了。

項伯當天夜裡就返回了軍營，他對項羽說：「沛公先行進入關中，為我們掃除了入關的障礙，我們才能順利通過函谷關。沛公是有功之人，我們不應該猜疑他，應該真誠相待。」項羽聽後，便放棄攻打劉邦。

刀光劍影，千鈞一髮

第二天早晨，劉邦如約來到了項羽的軍營，只帶了張良、樊噲和一百名精銳親兵。到了項羽的大帳，劉邦當面向項羽賠禮道歉：「我和將軍合力攻打秦國，將軍在黃河以北作戰，我在黃河以南作戰，但是我沒有料到能先進入關中，滅掉秦朝。現在有小人造謠生事，使您和我產生嫌隙。」項羽說：「這是沛公的左司馬曹無傷說的，如果不是這樣，我怎麼會這麼生氣？」項羽當天就留下劉邦，和他飲酒。

鴻門宴上，雖不乏美酒佳餚，卻也暗藏殺機。亞父范增一直主張殺掉劉邦，在酒宴上，他一再示意項羽殺了劉邦，但項羽卻猶豫不決，默然不應。

范增找來將軍項莊，讓他舞劍為酒宴助興，趁機殺掉劉邦。項莊應聲拔劍起舞，試圖尋找機會，出其不意刺殺劉邦。項伯眼看情勢危急，也拔劍起舞，掩護劉邦。

座上的張良見狀，心知不妙，就悄悄地離座，到營門口找到樊噲，說現在劉邦命懸一線。樊噲是個英勇直爽的好漢，他當即帶劍擁盾闖入軍門，怒目直視項羽。項羽見此人氣度不凡，得知他是劉邦的參乘[024]，即命賜酒。樊噲站著喝光了酒，項羽很喜歡他的勇猛直率，又賜給他一條生豬腿，又問能繼續喝酒嗎？樊噲說：「我連死都不怕，一杯酒有什麼可推辭的？」並乘機說了一些劉邦的好話，項羽無言以對，劉邦乘機藉口如廁，從小路逃回了自己的營地。

逃出虎口，轉危為安

張良留下來辭行，他說劉邦不勝酒力，無法前來道別，現向大王獻上白璧一雙，並向大將軍范增獻上玉斗一雙，請他們收下。項羽收下了白璧，范增卻怒不可遏，拔劍砍碎了玉斗，大罵道：「這個小子不值得共謀大事，到時與項王爭奪天下的必是劉邦，我們都會成為劉邦的俘虜！」

劉邦透過鴻門宴上的這番巧妙周旋，卸下了項羽對他的殺心，取得了一絲生機。鴻門宴後，項羽便領兵西進，在咸陽城大肆屠戮，秦王子嬰也被殺死，秦朝的宮殿被項羽放火焚燒。之後，項羽分封各路將軍為王，共封了十八個諸侯王。劉邦被封為漢王，分封在當時比較偏遠的巴蜀之地。

---

[024] 參乘：ㄘㄢ ㄕㄥˋ，古時乘車，坐在車右擔任警衛的人。

相關連結：秦始皇的玉璽

玉璽，就是古代皇帝的玉印。從秦始皇時期開始，皇帝的印章專稱為「璽」，而臣民所用只能稱為「印」。秦始皇的傳國玉璽據說方圓四寸，上紐交五龍，正面刻有李斯所書的「受命於天，既壽永昌」八個篆字，作為「皇權神授、正統合法」的信物。

楚漢大戰

直到現在，中國象棋的棋盤上還是以「楚河漢界」作為分界線，可見其影響之遠。「明修棧道，暗度陳倉」、「背水一戰」、「十面埋伏」、「四面楚歌」……這些婦孺皆知的成語典故，都是楚漢戰爭中的精采篇章。最終，原本處於弱勢的劉邦在歷經四年的戰爭後獲得勝利，建立了漢朝。

明修棧道，暗度陳倉

項羽率領大軍進入咸陽後，以楚懷王的名義分封十八路諸侯，論功行賞，尊楚懷王為「義帝」，自封「西楚霸王」，把率先入關的劉邦封為「漢王」，領地是巴、蜀和漢中的四十一個縣，國都為南鄭。

項羽對劉邦還有疑忌之心，為了防範劉邦，他把劉邦「趕」到了當時比較偏遠的巴蜀之地。另外封了秦朝降將章邯、司馬欣、董翳[025]為雍王、塞王、翟王，讓他們掌管關中地區，以遏止劉邦，同時削減劉邦的軍隊至三萬人。劉邦無奈，只好忍氣吞聲地接受封號，領兵進入漢中。在張良的建議下，他燒毀棧道，以示再也無意東出，以麻痺項羽。

項羽分封，表面上看是論功行賞，但實際上卻是對原諸侯勢力的重整，對服從自己的予以分封行賞，並沒有關注原諸侯在本國的實力與影響，因此從一開始就埋下了禍亂之源。而且他還拒絕了謀士「占據關中為王」的建議，堅持衣錦還鄉，回到江東。

最初，劉邦並沒有東進和項羽爭雄的打算，但他到了南鄭之後，形勢的變化促使他下決心東進，和項羽爭奪天下。一是將士們在南鄭水土不服，再加上日夜思念家鄉，士氣低落。二是項羽封在齊國的田榮嫌項羽分封不公，起兵反叛，這為劉邦創造了進兵的絕佳機會。正巧此時劉邦得了大將韓信，蕭何對劉邦說：「如果要爭霸天下，非重用韓信不可。」韓信被封為大將後，提議立即出兵東進：「我們的將士都是山東之人，現在正好可以利用他們東歸回家的強烈願望鼓舞士氣，東進之後必將建功立業。事不宜遲，應當立即進兵。」

[025] 翳：ㄧˋ。

於是，西元前 206 年，劉邦留蕭何管理後方巴蜀地區。他親自和韓信領兵從陳倉偷渡，迅速占領了關中全境，至此，著名的楚漢戰爭正式爆發。

離間之計，智除范增

楚漢戰爭分為兩個階段，前一階段是劉邦處於下風，屢次被項羽殺得大敗而歸。後來劉邦離間了項羽和范增，逐漸占據上風，最後將項羽徹底打敗。

劉邦東進之後，趁項羽和齊、趙交戰之機拿下了河南，攻克洛陽，然後揮師東進，攻下了項羽的根據地彭城。原先項羽打算平定了齊和趙後再和劉邦決戰，現在見劉邦攻下了彭城，便領精兵三萬急行軍趕回。趁劉邦設酒宴慶功之際，在清晨發動襲擊，一天之內便將漢軍打敗，漢軍撤退時，又被項羽追殺消滅了十幾萬人。到了靈壁東邊的濉 [026] 水，漢軍再次被項羽追上，又死了十幾萬人，濉水堆滿了屍體。只有劉邦和幾十名騎兵奮力逃脫，但他的父親和妻子卻被項羽抓獲。之前跟隨劉邦的其他諸侯王見劉邦大敗，先後捨他而去。

劉邦退到滎 [027] 陽之後，得到了蕭何從關中派來的增援部隊，韓信也重整分散的軍隊前來會合。漢軍又重整旗鼓，在滎

[026] 濉：ㄙㄨㄟ。

[027] 滎：ㄒㄧㄥˊ。

陽的南邊打敗了項羽的軍隊，兩軍在滎陽一帶開始對峙。

後來，劉邦策反了項羽的大將英布，分化了項羽，也使項羽因為要分兵鎮壓而削弱了兵力。但項羽畢竟不是一般人物，他派兵侵擾漢軍的運糧通道，最終將滎陽的漢軍圍困。劉邦無奈，只好向項羽求和，提出以滎陽為分界線，滎陽以西為漢。項羽想答應，范增卻不同意，說現在是消滅漢軍的好時機，錯過這個機會就等於放虎歸山，後患無窮了。

劉邦見范增從中作梗，就採用了謀士陳平的離間計[028]。一天，項羽派使者來勸劉邦投降，劉邦就讓人先裝出盛情招待的樣子，送去精緻的餐點，等見了使者，又故意驚奇地說：「我們聽說是亞父的使者來了，原來是項王的使者啊！」接著就將精緻的餐點拿走，換上不好的飯食。使者非常生氣，回去便告訴了項羽。項羽不知其中有詐，便輕易上當了，從此不再聽范增的意見，懷疑他背叛了自己私下和劉邦交往。

范增得知內情，勃然大怒，對項羽說：「現在天下局勢已定，大王您自己多保重，我還是回家做平民百姓吧！」范增負氣離開了項羽，但還沒到彭城，就因為背上生瘡病死在半途。項羽剛愎自用[029]，有勇無謀，最終才會失敗。

---

[028] 離間計：離間，從中挑撥，分化敵方。「離間計」指用計謀離間敵人，引起內訌。
[029] 剛愎自用：倔強固執，自以為是。

劉邦的「無賴」

范增走後，項羽緊接著進攻滎陽，拿下滎陽之後，又占領了成皋。後來，項羽和劉邦在滎陽東北部的廣武山一帶僵持不下，對峙達幾個月之久。項羽為了盡快結束戰鬥，迫使劉邦投降，就把之前俘獲的劉邦的父親押到兩軍陣前，他對劉邦說：「你如果再不投降，我就要煮了你父親！」

劉邦知道項羽在威脅他，乾脆耍無賴：「我和你曾經『約為兄弟』，所以我的父親就是你的父親。你要是一定要煮了你的父親，那就請便吧，不過別忘了幫我也留一碗肉湯。」項羽聽完，氣得七竅生煙，當場就下令要將劉邦的父親殺死。旁邊的項伯趕緊勸道：「將軍，現在誰能得天下還很難說，更何況爭天下的人都不顧家人的生死安危，殺了他的親人也沒什麼用，還會加深雙方的仇恨。」項羽聽了，只好命人將劉邦的父親帶回去。

楚漢雙方又對陣了十個多月，因為有關中和蜀地的支援，劉邦逐漸占了上風，而項羽則兵源缺乏，糧草不足，難以和漢軍抗衡。在侯公的撮合下，項羽和劉邦定下了停戰協定：楚漢以鴻溝為分界，東西分治。協定達成之後，項羽送還了劉邦的父親和妻子。

四面楚歌，決戰垓下

項羽領兵東返，劉邦也打算領兵回關中。張良和陳平則極力勸說劉邦趁機滅掉項羽，因為這時項羽兵不精、糧不足，萬一他回到彭城，等於是縱虎歸山。劉邦聽了，趕緊命令追擊，同時派人命韓信和彭越火速集結，合擊項羽。

西元前 202 年十月，劉邦追上項羽，但到了固陵時，韓信和彭越的軍隊還沒有到達。項羽猛烈反擊漢軍，將漢軍擊潰。劉邦只得堅守不出，問謀士張良有什麼計策。張良說：「如果能把齊地封給韓信，把越地封給彭越，那他們兩個肯定會火速進兵。」劉邦馬上派人去找韓信和彭越，許諾在擊敗項羽後會立即封他們為齊王和梁王。韓信和彭越很快就有了回音：立即進兵。同時，劉邦也派人勸降楚軍的大司馬周殷，淮南王英布也領兵趕來會師。漢軍會合各路援軍共三十萬，和項羽決戰垓下 [030]。

夜裡，圍困項羽的漢軍突然唱起了楚國蒼涼的歌謠，使項羽以為漢軍已占領了楚地。走投無路的項羽在大帳中和心愛的虞姬飲酒，舉酒慷慨而歌：「力拔山兮氣蓋世，時不利兮騅 [031] 不逝。騅不逝兮可奈何，虞兮虞兮奈若何！」虞姬唱道：「漢兵已略地，四放楚歌聲。大王意氣盡，賤妾何聊生。」

---

[030]　垓下：垓，音ㄍㄞ。在今安徽省固鎮縣東北，沱河南岸。
[031]　騅：ㄓㄨㄟ。

虞姬當著項羽的面含淚自刎，項羽擦去眼淚，躍馬率領八百騎兵趁夜突圍。第二天早晨，漢軍才發現項羽已經突圍而去，劉邦命令灌嬰率騎兵火速追擊。項羽在渡過淮河後，身邊只剩下一百人，到達陰陵時，因為迷路走入大澤之中。從大澤出來後，項羽向東撤退，在東城被灌嬰的騎兵追上。此時項羽的隨從只有二十八人了，他們和漢軍激戰三次，殺傷幾百名漢軍，之後項羽橫劍自刎。

就這樣，經過四年的楚漢戰爭，原本處於劣勢的劉邦因為知人善任、因勢利導，終於戰勝了「西楚霸王」項羽，建立了漢朝，定都長安，成為歷史上有名的漢高祖。

相關連結：楚河漢界

秦末楚漢爭霸時期，項羽在彭城大敗漢軍，劉邦退到黃河南岸重鎮滎陽，楚軍乘勝追擊，兩軍在滎陽一帶互相攻伐長達兩年之久。西元前202年秋，楚軍糧盡，無奈之下與漢軍講和，雙方約定以鴻溝為界「中分天下」，以西為漢，以東為楚。這就是歷史上著名的「楚漢相爭，鴻溝為界」故事的由來。

據記載，歷史上的楚河漢界，是在古代豫州滎陽成皋一帶，它北臨黃河，西依鄺山，東連平原，南接嵩山，是歷代兵家必爭之地。後來，象棋棋盤中的分界線也借用這個歷史典故，稱為「楚河漢界」。

傳奇戰神韓信

「國士無雙」、「功高無二，略不世出」、「戰神」……這些都是後人對漢初名將韓信的評價。韓信的一生起伏跌宕，富有傳奇色彩。他為大漢王朝南征北戰，立下赫赫戰功，留下了大量戰術典故：暗度陳倉、背水為營、半渡而擊、十面埋伏、四面楚歌……其用兵之道，為歷代兵家所推崇。

淮陰市井的落魄少年

漢高祖劉邦何以取得天下？有一次，劉邦曾向群臣問起這個問題，群臣的回答都不得要領。劉邦鄭重地說：「我之所以有今天，得力於三個人：運籌帷幄[032]之中，決勝千里之外，我不如張良；鎮守國家，安撫百姓，供給軍糧，我不如蕭何；率百萬之眾，戰必勝，攻必取，我不如韓信。這三位都是人傑，我能用之，這就是我能得天下的原因。」

後來，人們就把張良、蕭何、韓信稱為「漢初三傑」。其中，韓信的一生跌宕起伏，最富有傳奇色彩。

韓信是淮陰人，他出身平民，性格放縱而不拘禮節。他不能被推選擔任官吏，又沒有經商謀生的本領，常常依靠別人接

[032] 運籌帷幄：指在後方擬定作戰策略，泛指籌劃決策。

濟才能餬口，許多人都很厭惡他。

母親死後，韓信窮到沒錢辦喪事，然而他卻到處尋找又高又寬敞的墳地，希望墳地四周可容下一萬戶人家。韓信將母親安葬在這塊高地上，似乎在向人們宣告：韓信雖然出身窮苦，但將來一定會發達，待有朝一日成功時，一定會為母親立風光的墓塚。

有一陣子，韓信又窮到沒錢吃飯，就在當地一個亭長家吃閒飯。幾個月後，亭長的妻子不太高興了。有一天，她一大早就做好飯，一家人很快就吃完飯了。等到吃飯時間，韓信到時，亭長的妻子也沒有幫他做飯的意思。韓信看出他們的用意，一怒之下與亭長絕交。

後來，餓著肚子的韓信就在城下釣魚。有許多老婦人在河邊洗絲絮，其中一個老婦人見韓信餓得可憐，就把自己的飯讓給他吃，一連幾十天都是這樣，直到這批絲絮漂洗完畢。韓信非常感動，對這位老婦人說：「我一定會報答您的！」老婦人很生氣，斥責韓信：「大丈夫不能自食其力，我只是可憐你才給你飯吃，難道是希圖報答嗎？」

韓信走過淮陰的市井，受到的也總是白眼和欺辱。有一次，一個年輕的屠夫攔住韓信，斜眼看他說：「你雖然長得高大，喜歡帶刀佩劍，其實不過是個膽小鬼罷了。」又當眾侮辱他說：「你要是不怕死，就拿劍刺我；如果怕死，就從我胯下爬過去。」韓信打量了他一番，便趴下從他的胯下爬了過去。滿街的人都笑韓信，認為韓信是個膽小鬼。

蕭何月下追韓信

等到項梁率領抗秦義軍渡過淮河向西進軍時，韓信帶著寶劍去投奔項梁，留在項梁的部下，一直默默無聞。項梁失敗後，韓信又改歸項羽，項羽派他當郎中。他數次向項羽獻計獻策，都沒有被採納。劉邦率軍進入蜀地時，韓信脫離楚軍去投奔劉邦，當了一名接待來客的小官。

有一次韓信犯罪，被判死刑，和他同案的十三個人都被殺了，輪到殺他的時候，他抬起頭來，正好看到劉邦手下的大將夏侯嬰，韓信就高聲說：「漢王不打算得天下了嗎？為什麼要殺掉壯士？」夏侯嬰聽他出口不凡，又見他形貌威武，就命令放了他。夏侯嬰與他聊了一下，更加佩服，便推薦他給漢王劉邦。劉邦就派韓信當管理糧餉的治粟都尉，但還不覺得他是個奇才。

韓信時常和蕭何聊天，蕭何也很佩服他。當時，劉邦被項羽趕到偏遠的巴蜀之地。劉邦的部下多半是函谷關以東的人，他們都想回到故鄉，因此一行人到達南鄭時，半路上已溜掉幾十個軍官。韓信料想蕭何他們已經在劉邦面前多次保薦過自己，可是一直不得劉邦重用，也逃跑了。蕭何聽說韓信逃跑了，等不及跟劉邦報告，就連夜去追趕。有個不明底細的人跟劉邦說：「丞相蕭何逃跑了。」劉邦極為生氣，就像失去了左右手似的。

隔了一兩天，蕭何回來見劉邦，劉邦又是生氣，又是高興，罵道：「你為什麼逃跑？」蕭何答道：「我不敢逃跑，我是追逃跑的人。」「你去追誰？」蕭何說：「韓信啊！」劉邦又罵道：「幾十個軍官跑掉你都沒有去追，倒是去追韓信，分明是在撒謊！」蕭何說：「那些軍官很普通，可像韓信這樣的人才，普天之下也找不出第二個。」

就這樣，在蕭何的極力推薦下，劉邦勉強答應拜韓信為大將。劉邦手下的軍官們聽說軍中要有一位大將，個個暗自高興，都以為被任命的是自己。等到舉行儀式時，才知道原來是毫不起眼的韓信，全軍上下都大吃一驚。

背水一戰，威震四方

西元前 206 年五月，韓信派人修復劉邦進入漢中時燒毀的棧道，迷惑雍王章邯，自己率軍悄悄沿南鄭故道東出陳倉，大敗章邯軍，一舉拿下了關中地區，使劉邦得以還定三秦。

西元前 205 年二月，韓信引兵出函谷關，兵鋒直逼洛陽，韓王鄭昌、殷王司馬卬 [033] 等項羽所屬的封國先後歸降。然後韓信便與齊、趙聯合共謀擊楚，四月，大軍就已進至項羽的楚都

[033] 卬：ㄑㄩㄥˊ。

彭城。攻勢之凌厲，令人讚嘆。

未想，劉邦進入彭城後就把防務丟在一旁，遍搜珠寶美人。正在與齊軍鏖戰的項羽聽說彭城失守，急率三萬精騎星夜趕回，一戰將劉邦擊敗。韓信聞訊，即刻趕來整頓潰敗的部隊，和劉邦在洛陽地區會師，之後成功阻擊，使項羽西進的兵鋒頓挫，戰線最後在滎陽穩定下來。

劉邦兵敗彭城，齊、趙、魏等又倒戈向楚。八月，劉邦封韓信為左丞相，領兵攻魏。魏王豹把重兵布守於黃河東岸的蒲坂，韓信針對魏軍部署，將大量船隻集中在蒲坂對面，佯做正面渡河之勢，暗用木框架綁紮瓦罐做成臨時渡河器具，從上游夏陽渡河奇襲安邑。突然出現在魏軍背後，大破魏軍，俘獲魏王豹。

西元前 204 年九月，韓信又引兵東向閼與[034]，活捉代相夏說，收復了代郡。這時，劉邦卻命韓信急調兵力至滎陽加強該地守備，所以韓信只帶了萬餘部隊東下井陘攻趙。

趙王歇和趙軍統帥成安君陳餘集中二十萬兵力於太行山區的井陘山，占據有利地勢，準備與韓信決戰。韓信以兩千輕騎，乘夜迂迴到趙軍大營的側後方埋伏。天明後，他親率主力到河邊背水列陣，誘使趙軍出營攻擊。漢軍背河而戰，無路可退，人人拚死作戰。預先伏下的兩千輕騎乘機攻入趙軍空營，

[034] 閼與：ㄩˋ ㄩˇ。地名，在今山西省和順縣境。

遍插漢軍紅旗，趙軍見狀，軍心大亂。韓信揮軍趁勢反擊，大破二十萬趙軍，斬殺趙軍統帥陳餘，生擒趙王歇。之後，韓信又先後平定了燕國、齊國，威震四方。

十面埋伏，四面楚歌

西元前 202 年十二月，楚漢兩軍在垓下展開決戰。劉邦以韓信為主將，統一指揮各路大軍。項羽指揮十萬楚軍，從正面猛攻漢軍陣地。韓信採用典型的側翼攻擊戰法，令漢軍中軍稍稍後退，避開楚軍的銳氣，而將兩翼展開，展開側擊，然後再令中軍推進，完成合圍。入夜，韓信令漢軍四面唱起楚歌，終使楚軍喪失鬥志，被漢軍一舉聚殲於垓下。項羽眼見大勢已去，慷慨自刎於烏江邊。

歷時四年的楚漢戰爭，以漢王劉邦奪得天下而告終。在楚漢戰爭中，韓信指揮若定，用兵如神，屢出奇兵，立下了赫赫戰功，被後世譽為「戰神」。

相關連結：琵琶曲〈十面埋伏〉

〈十面埋伏〉是一首歷史題材的大型琵琶曲，是中國十大古曲之一。樂曲描寫西元前 202 年楚漢戰爭垓下決戰的情景。漢軍用十面埋伏的陣法擊敗楚軍，項羽自刎於烏江，劉邦取得勝利。這首琵琶曲表現出楚漢相爭，金戈齊鳴的情景，具有強烈的藝術感染力。

西漢：文治武功

白登之圍

劉邦出身草莽，卻在群雄逐鹿之中獨占鰲頭，最終建立了漢王朝。可惜這天下好打，帝位卻難坐。劉邦稱帝不過數年，就遭遇了一場差點讓他丟了性命的危機——「白登之圍」。幸好劉邦身邊的智囊陳平，幫他出了一條妙計，讓他能夠順利脫身。

來自北方的餓狼

在劉邦、項羽忙著推翻秦朝、奪取天下的同時，北方正有一股力量暗暗崛起，那就是匈奴。

匈奴是游牧民族，擅長騎射，習慣逐水草而居，主要在塞外活動。秦二世時期，冒頓殺死自己的父親，統一了北方草原。他利用中原地區戰亂頻起、無人關注北方的機會，逐漸強化匈奴的實力。實力增強後的匈奴，不僅打敗了東胡，還驅逐了月氏[035]，收復了之前被秦國奪取的領土。他們的勢力越來越強大，直接威脅到漢王朝對北方的統治。

西元前 202 年，劉邦稱帝之後，把韓王信[036]分封在了潁川一帶，卻又擔心他造反，又將他改封在太原郡。韓王信心裡很清楚，自己和那些跟隨劉邦打天下的異姓王不同，劉邦並不信任自己。所以韓王信又上奏請求將他的王都遷到北方的巴邑，得到了劉邦的批准。

他的封地和匈奴相連，經常被匈奴的騎兵打敗，處境十分艱難。西元前 201 年，冒頓單于[037]以十萬騎軍圍攻巴邑，韓王信沒辦法，只好向匈奴求和。劉邦得知後，寫信責備韓王信與匈奴勾結。韓王信怕被降罪，乾脆和匈奴結盟，攻進雁門關，打下太原郡。

西元前 200 年，劉邦率領三十二萬大軍出征匈奴，同時鎮壓韓王信叛亂。隨行的謀士有陳平、婁敬，將領有樊噲、夏侯嬰等。

一路勝利向北

劉邦所率領的漢軍進入太原郡之後，一路勢如破竹、連連取勝，韓王信的軍隊損傷慘重。韓王信逃到了匈奴那裡，其麾

[035] 月氏：ㄖㄡˋ ㄓ。部落名稱。

[036] 韓王信：戰國時期韓襄王姬倉庶孫，非韓信。

[037] 冒頓單于：ㄇㄛˋ ㄉㄨˊ ㄔㄢˊ ㄩˊ。「單于」是匈奴人對部落聯盟首領的專稱。

下的將領王黃等人則擁立趙國王室後代趙利為王，重新聚集殘軍，再次與匈奴聯合攻漢。

可惜他們依舊不是漢軍的對手，劉邦帶領著漢軍很快又在晉陽打敗了他們，並乘勝追擊到離石，又在那裡打了一場勝仗。

漢軍一路連連取勝讓劉邦開始輕敵，他聽說代谷一帶有大批匈奴兵駐紮，便派人去探查虛實。匈奴兵的主力的確在這裡，但是冒頓單于把精銳部隊和肥壯的牛馬藏了起來，只留下一些老弱的士兵和瘦小的牛馬。所以劉邦派出去的十幾名探子回來都說匈奴很弱，可以放心攻打。

劉邦不放心，又派謀士婁敬去。婁敬去那邊看到的和前面的探子看到的一樣，都是些瘦馬弱兵。他回來對劉邦說：「這太奇怪了，兩軍交戰正是展示軍威、讓對方心生膽怯的時候。可匈奴卻只讓我們看見這些瘦馬弱兵，這說明這不是他們真正的實力，實際上正等著埋伏我們呢，我覺得不可進攻。」

可惜婁敬回來的時候，漢軍的二十萬大軍已經出發了。劉邦基於之前的連番勝利，根本就不信婁敬的話，大罵他是個孬種，還把他給關起來，囚禁在廣武縣。

漢軍的進軍目標是平城，當時已是寒冬，漢軍將士大多來自南方，無法適應北方寒冷的環境，有的凍傷、有的生病，行軍速度也慢了下來。幸運的是，這一路沒有受到匈奴的攻擊。

平城很快就被拿下，劉邦率軍追趕敗逃的匈奴軍，卻在平城東的白登山遭遇匈奴主力，被斷了退路，陷入包圍。

陳平獻計

劉邦帶了三十多萬人馬出戰，怎麼就被匈奴兵包圍了呢？

原來，匈奴在和漢軍的前幾次交戰中深刻體會到自身在陣地戰方面的不足，於是他們改變策略，利用自身騎兵的優勢，以行動快速、快打快退為主要戰略。而漢軍則以步軍為主，對於這樣的戰略只能無能為力。

所以劉邦帶著一部分士兵追到白登山後，就被半路殺出的匈奴騎兵斷了退路，留在平城的漢軍也被匈奴兵包圍，使得兩邊漢軍不能接應。

冒頓單于很高興自己的策略奏效，被圍在白登山上的劉邦卻很鬱悶。天寒地凍，眼看著士兵隨身帶的乾糧快吃完了，即將面臨糧草斷絕的局面。劉邦望著山下的匈奴兵，愁眉不展。

這時陳平獻了一計，他說：「陛下，如今只有請人幫忙了。」劉邦垂頭喪氣地說：「這個時候還有誰能幫助我們？」陳平笑道：「冒頓單于十分寵愛閼氏[038]，她說的話對冒頓單于很有用。如果我們派人去請閼氏幫忙說話，冒頓單于一定會撤兵。」

[038] 閼氏：ㄧㄢ ㄓ。漢代匈奴稱君主的正妻。

劉邦有點不相信，畢竟現在兩軍對戰，一名女子的話能有什麼用？不過也無計可施了，只好死馬當作活馬醫，於是他便同意了陳平的建議。

劉邦派使臣去見閼氏，獻上豐厚的金銀珍寶，又送了一幅美人圖給她，對她說：「這是漢朝的第一美人，如果單于攻占漢地，這樣的美人千千萬，到時候您是否還能保有現在的地位就很難說了。」

聽完使者的話，閼氏想了想，果然去勸說冒頓單于退兵。她對冒頓單于說：「我們就算攻下了中原，可能也會因為水土不服而沒辦法長久統治。還不如現在就放劉邦回去，讓漢人和匈奴人和平共處，豈不是很好？」冒頓單于聽後，覺得很有道理，就讓劉邦突出重圍，「白登之圍」就此解除。

冒頓單于真的是因為閼氏的這一番話就放劉邦回去嗎？那之前的各種部署、各種投入不就白費了嗎？事實上，在圍困劉邦的這七天中，冒頓單于一直在等王黃和趙利的軍隊，準備在平城會合後攻打劉邦。但他們兩人遲遲不來，冒頓單于推測他們是被漢軍的後援部隊打敗了。如果漢軍的後援部隊趕到平城，那匈奴軍早晚也會戰敗。再加上閼氏的勸告，他就索性送劉邦一個人情，解了「白登之圍」，也為之後匈奴和漢朝的和親奠定了基礎。

劉邦回到廣武後，立刻放了婁敬，並給予他豐厚的賞賜。

相關連結：匈奴的單于

單于，是匈奴人對部落聯盟首領的專稱，意為廣大之貌。這個稱號始創於匈奴著名的冒頓單于之父頭曼單于，之後該稱號一直沿襲至匈奴滅亡。

後來，鮮卑族的部落也使用「單于」這個稱號。至兩晉十六國時期，都改稱為「大單于」，但地位已不如以前。

蕭規曹隨的道理

蕭何和曹參都是漢高祖劉邦的沛縣同鄉，兩人在建立漢朝的過程中立下了汗馬功勞。西漢王朝建立後，蕭何擔任相國。西元前一九三年，功勳卓著的蕭何過世，正在齊國擔任相國的曹參聽說了這個消息，馬上告訴下人說：「趕快治辦行裝，我將要入國都當相國。」曹參為什麼會這樣判斷？他最後當上相國了嗎？

「清靜無為」的智慧

漢高祖劉邦去世後，他的兒子漢惠帝劉盈即位。第二年，年老的相國蕭何病重，漢惠帝親自去探望他，還問將來誰適合接替他。

蕭何不願意發表意見，只說：「誰還能像陛下那樣了解臣下呢？」

漢惠帝問他：「你看曹參怎麼樣？」

蕭何和曹參早年都是沛縣的官吏，跟隨漢高祖一起起兵。兩個人本來關係很好，只是後來曹參立了不少戰功，可是他的地位怎麼也比不上蕭何，兩個人就不那麼親密了。但是蕭何知道曹參是個治國人才，所以漢惠帝一提到曹參，他也表示贊成，說：「陛下聖明，有曹參接替，我就死也瞑目了。」

曹參本來是個將軍，漢高祖封長子劉肥做齊王的時候，就讓曹參擔任齊相。那時候天下剛安定下來，曹參到了齊國，召集齊地的父老鄉親和儒生一百多人，問他們應該怎樣治理百姓。這些人開始七嘴八舌，但是各有各的說法，不知聽誰的才好。

後來，曹參打聽到當地有一個很有名望的隱士，叫蓋公，曹參就把他請來，向他請教。這個蓋公相信黃老之學，主張治理天下的人應該清靜無為，讓老百姓過安定的生活。

曹參聽了蓋公的話，盡可能不打擾百姓。他做了九年齊相，齊國所屬的七十多座城池都非常安定。

曹參的主張

蕭何一死，漢惠帝馬上命令曹參來長安，接替蕭何擔任相國。曹參還是沿襲蓋公清靜無為的主張，一切按照蕭何已經定好的章程處理，毫無變動。

一些大臣看到曹參這種無所作為的樣子，有點心急，也有人去找他，想幫他出一些主意。但是他們一到曹參家裡，曹參就請他們喝酒。要是有人在他面前提起朝廷大事，他也總是轉移話題，讓別人難以開口。最後客人們都醉醺醺地回去，什麼也沒有說。

漢惠帝看到曹相國這副樣子，認為他倚老賣老，瞧不起自己，心裡不太高興。

曹參的兒子曹窋[039]在皇宮裡侍奉漢惠帝，漢惠帝囑咐他說：「你回家的時候，找機會問問你父親：高祖已歸天，皇上這麼年輕，國家大事全靠相國來主持。可他卻天天喝酒、不管國事，再這樣下去，怎麼治理好天下？問問看你父親怎麼說。」

曹窋趁假期回家的時候，就照漢惠帝的話跟曹參說了。曹參一聽就發怒了，罵道：「你懂什麼，國家大事豈能輪到你來插嘴！」說著，竟叫僕人拿來板子，把曹窋打了一頓。曹窋莫名其妙受了責打，非常委屈，回宮後就向漢惠帝訴說，漢惠帝也很不高興。

第二天，曹參上朝的時候，漢惠帝就對他說：「曹窋跟你說的話，是我叫他說的，你為什麼要打他？」曹參向漢惠帝請罪，接著說：「請問陛下，您跟高祖相比，哪一位更英明？」漢惠帝說：「那還用說，我怎麼能比得上高祖皇帝？」曹參說：「我跟蕭相國比，誰更能幹？」漢惠帝不禁微微一笑，說：「你好像不如蕭相國。」曹參說：「陛下說的對，陛下不如高皇帝，我又不

---

[039] 窋：ㄓㄨˊ。

如蕭相國。高祖皇帝和蕭相國平定了天下，又替我們制定了一套規章制度，我們只要按規定走，不要失職就對了。」

漢惠帝這才恍然大悟。

曹參運用黃老學說，當了三年相國。在漫長的戰爭與動亂之後，百姓們需要安定，他也盡量不增加百姓的負擔。因此，當時有人編了歌謠稱讚蕭何和曹參，史稱「蕭規曹隨」。

相關連結：影響歷史的「黃老之學」

「黃老之學」是戰國時代一個哲學、政治思想流派，因為尊奉傳說中的黃帝和老子為創始人，所以被稱為「黃老之學」。在社會政治的領域中，黃老之學認為君主應「無為而治」，省苛事，薄賦斂，毋奪民時，公正無私，恭儉樸素，透過「無為」而達到「有為」。

上述主張一定影響了漢朝初期的國勢，也締造了中國史上著名的「文景之治」。到東漢時，黃老之學與新興起的讖緯[040]之說結合，逐漸演變為自然長生之道，對道教的誕生影響甚鉅。

英年早逝的天才賈誼

賈誼是西漢王朝初期冉冉升起的一顆政治新星，他天資聰穎、目光敏銳、直言敢諫、富有洞察力，提出了很多針砭時弊的建議。他的〈過秦論〉是一篇名垂青史的政論文。然而，這

[040]　讖緯：ㄔㄣˋ ㄨㄟˇ。

樣一位天才的政治家，卻鬱鬱不得志，年僅三十三歲就英年早逝，令人唏噓。

少年有為，破格提拔

賈誼從小就刻苦學習，博覽群書，先秦諸子百家的書籍無所不讀。他酷愛文學，尤其喜愛戰國詩人屈原的著作。西元前 183 年，賈誼才十八歲，就因能誦《詩經》、《尚書》和撰著文章而聞名於家鄉洛陽。

當時的河南郡守吳公，是原來秦朝名相李斯的同鄉，又是李斯的學生。吳公了解賈誼是一個學問淵博的優秀人才，非常器重他，就把他召到自己門下。吳公也是個很有學問的人，賈誼在其門下學習，學問益深。

西元前 180 年，高后呂雉去世，右丞相陳平、太尉周勃平定了諸呂之亂 [041]，迎立漢高祖劉邦的兒子代王劉恆為帝，就是漢文帝。第二年，即西元前 179 年，吳公因為政績卓著被徵召到中央政府，任命為廷尉。吳公沒有忘記他的得意門生，就向漢文帝推薦說：「賈誼頗通諸子百家之書，是個年輕有為的人才。」漢文帝就將賈誼召來，任命為博士。從此，賈誼步入了政

[041] 諸呂之亂：劉邦死後，他的兒子劉盈登基為漢惠帝。劉盈生性懦弱，優柔寡斷，大權漸漸落在母親呂后手中。劉盈病逝後，呂后獨攬朝政，劉氏天下變成了呂氏天下。呂后病逝後，右丞相陳平、太尉周勃設計殺死了上將軍呂祿，諸呂不分男女老幼全部被處死，呂氏一族澈底消亡。

治的舞臺。當時賈誼才二十一歲，在當時所有的博士中，他是最年輕的一位。

博士的職務是供皇帝垂詢，每當漢文帝提問讓博士們議論時，許多老博士一時講不出什麼，但是賈誼與眾不同，因為他學識淵博，又直言敢諫，對文帝的提問總是對答如流，滔滔不絕，還說得有理有據。其他博士都認為賈誼能言善辯，非常佩服他的才能。漢文帝非常高興，一年內就把賈誼破格提拔為太中大夫。之後，賈誼先後向朝廷提出了〈論積貯疏〉等著名建議，名動一時。

權貴毀謗，被貶長沙

賈誼初到中央政府，短時間內就嶄露頭角，被破格提拔，真可謂一帆風順，少年得志。漢文帝認為賈誼見識遠大、年輕有為，十分賞識。他打算讓賈誼擔任更高的公卿職位，委以重任，便和大臣們討論。又怎麼能想到，這件事卻遇到了諸多不順。

問題首先來自於功臣顯貴們，如絳侯周勃、潁陰侯灌嬰、東陽侯張相如、御史大夫馮敬等。周勃原是以織葦為生的手工業者，灌嬰是販布的小商人。他們跟隨劉邦東征西討，戰功顯赫，是漢朝的開國功臣，後來又除諸呂、立文帝、安劉氏，再立新功。他們封侯拜相，位高權重，但沒有什麼學問基礎。

到了文帝朝，他們已經年老，又自恃功高，思想守舊，胸襟狹隘。當賈誼這樣學識淵博又有創新思考的年輕知識分子在漢王朝嶄露頭角時，這些老臣顯貴們一方面因他年紀輕資歷淺而看不起他，另一方面又因他才華出眾而心懷妒忌。讓賈誼當博士、太中大夫之類只議論而無實權的官職，他們還能容忍，而一旦要讓他升到公卿之位委以重任，和這些顯貴平起平坐，他們就難以忍受了。他們眾口一詞地攻擊賈誼：「這個洛陽人，小小年紀，學識淺薄，一心想專擅權力，國家大事會就此大亂！」當時文帝即位不久，而周勃、灌嬰這些人都是先帝的舊臣，權重勢大，文帝雖然愛惜賈誼的才能，但也不能違背權貴的意願提拔他。漢文帝的寵臣鄧通也嫉恨賈誼，常在漢文帝面前說賈誼的壞話，使得漢文帝逐漸疏遠了賈誼。

就這樣，外有大臣攻擊，內有鄧通讒言，內外夾攻，賈誼不但無法施展他的才能和抱負，就連在朝廷中的立足之地也沒有了。結果賈誼被貶出京師，到長沙國去當長沙王的太傅。

長沙國地處南方，離京師長安有數千里之遙。當時交通不發達，長途跋涉歷盡千辛萬苦，自不必說，使賈誼真正難受的是心中的悲憤。他滿腹學問，心中有遠大的抱負，本想輔佐漢文帝闖出一番事業，可如今受讒被貶，使他深感孤獨和失望。大臣們攻擊他，這算不了什麼，因為他們畢竟是功臣宿將，為漢王朝出過一份心力；最讓他難以忍受的，是鄧通這樣的人，鄧通有何德何能？只不過是一個善於阿諛媚上的小人，而自己恰恰是因為漢文帝聽信了這樣的讒言而遭貶，賈誼無論如何也嚥不下這口怨氣。他想到了愛國詩人屈原，也是一樣遭到佞臣權貴的讒毀而被貶出楚國都城，最後投汨羅江而死。他想到自己的遭遇與屈原相似，就更加懷念屈原了。當他南行途經湘江時，望著滔滔的江水，思緒聯翩，就寫了一首〈弔屈原賦〉，以表達對屈原的崇敬之心，並抒發自己的怨憤之情。

空懷抱負，英年早逝

漢文帝七年，漢文帝想念賈誼，又把他從長沙召回長安。賈誼回到長安後，漢文帝在未央宮[042]祭神的宣室接見了他。當時祭祀剛完，祭神的肉還擺在供桌上。漢文帝對鬼神之事有不少疑問，就詢問賈誼。賈誼是怎麼回答的，史書上缺乏記載，只知賈誼關於鬼神的見解讓漢文帝感到很新鮮，聽得很專心，甚至挪近賈誼，一直談到半夜方止。事後漢文帝感嘆不已：「我好久沒有見到賈生了，自以為學問上能與他比肩了，可現在聽了他的談話，才發現還是不及他啊！」

賈誼這次回到長安，朝廷上人事已有了很大變化，曾壓制賈誼的灌嬰已死，周勃在遭冤獄被赦免後回到絳縣封地，不再過問朝中政事。但是漢文帝還是沒有對賈誼委以重任，只是把

[042] 未央宮：西漢王朝的大朝正殿，在漢高祖七年由劉邦重臣蕭何監造，在秦章台宮的基礎上修建而成。自未央宮建成之後，西漢皇帝都居住在此，成為漢帝國兩百多年間的政治中心。

他分派到梁懷王那裡當太傅。其原因，還是鄧通這樣的小人仍在漢文帝身邊，賈誼又多次得罪過這個漢文帝的寵臣，鄧通成了賈誼施展政治抱負的一個難以逾越的障礙。

西元前 169 年，梁懷王劉揖入朝，騎馬摔死。賈誼覺得自己身為太傅卻沒有盡到責任，深深自責，經常哭泣。他十分憂鬱，第二年就病死了，死時才三十三歲。

縱觀賈誼一生，雖受讒遭貶，未登公卿之位，但他那些富有遠見的政論和建議，仍受到漢文帝的賞視，這是那些身居高位而庸庸碌碌的公卿們所不能比擬的。

相關連結：〈論積貯疏〉

〈論積貯疏〉是賈誼的名文之一，是賈誼二十三歲時寫給漢文帝劉恆的一篇奏章，建議重視農業生產，以增加積貯。

這篇奏疏，是賈誼針對西漢初年嚴重的經濟危機，提出須留意積貯的重要論文。它從不同角度論述了加強積貯對國計民生的重大意義，表現出一個政治家、思想家的遠見卓識。他提出的主張，對於維護漢朝的封建統治，促進當時的社會生產、發展經濟、鞏固國防、安定人民的生活，貢獻良多。

嚴格執法張釋之

張釋之是西漢時期的法學家，他曾任廷尉，秉公執法，並要求官吏嚴格地按法判刑。他也向漢文帝提出，皇帝也要按法辦事，天子與百姓應共同遵行法律。當時民間讚頌他說：「張釋之任廷尉，天下無冤民。」

以法執事，不畏權貴

張釋之，字季，南陽堵陽人，與哥哥一起生活。漢文帝時，張釋之花錢買了一個常侍郎的小官，侍奉皇帝。十年過去了，他還是原職，漢文帝連他的名字都不知道。

張釋之看這樣下去沒什麼前途，就想辭職回鄉。他感嘆說：「做了這麼多年，連買官欠哥哥的錢都還不了！」當時中郎將袁盎很了解他，知道他有才華，就向漢文帝竭力薦舉，才讓他留下。

有一次漢文帝召見張釋之，問他歷代興亡之事。張釋之從容不迫地談著秦朝之所以失天下、漢朝之所以得天下的原因。漢文帝聽完十分吃驚，沒想到這樣一位人才卻長期被埋沒，於是拜他為謁者僕射[043]。從此，張釋之在皇帝身邊參與政事。

上林苑是漢代皇帝狩獵巡遊的場所，這裡養了許多動物供皇帝玩賞。一次，張釋之陪漢文帝來上林苑。漢文帝詳細地詢問各種動物的情況，掌管上林苑的尉官卻無法回答。這時，飼養老虎的一位民夫在旁邊代尉官回答，很有條理。漢文帝聽後說：「官吏都應該這樣才對！」當即下詔讓這個民夫擔任上林令，罷免原來的尉官。

[043] 僕射：ㄆㄨˊ ㄧㄝˋ。古代官名。

張釋之上前問漢文帝：「陛下看絳侯周勃是怎樣的人呢？」

「忠厚之人！」

「東陽侯張相如呢？」

「也是忠厚之人！」

張釋之說：「周勃和張相如二人都是品德超群之人，兩人都不善言辭，可二人都為漢朝立下了大功。看一個人怎麼能光憑口舌呢？秦朝就是過於不務實，任用了一批華而不實的書生，以致滅亡。今天陛下因民夫口才好就重用，臣恐怕此風一長，天下人都相爭學習巧言狡辯。」

漢文帝一聽，覺得很有道理，就打消讓民夫升遷的念頭。

有一次，太子劉啟與梁王劉揖乘車入朝，過司馬門沒有下車。漢宮規定：出入殿門和司馬門都要下車，違者罰金。張釋之追上太子和梁王，不讓他們入殿門，並上奏漢文帝，請求懲治太子的過失。漢文帝要依法辦事，其母薄太后卻前來求情。漢文帝摘下帽子賠罪說：「都怪我沒教好兒子！」後來，薄太后讓漢文帝下詔赦免太子，太子和梁王才得以進殿門。透過這件事，漢文帝更加敬重張釋之，覺得他是不畏權貴、依法執事的人才。

皇帝也應依國法

張釋之身為廷尉，不僅制定法律，還提倡依法治人，尤其不能以官吏的好惡隨意懲治。他做事認真，連皇帝也不得不服。

有一次，漢文帝出行到了渭橋。忽然有一人從橋下跑出，驚動了御馬。漢文帝大怒，急令衛士逮捕了這個人，交給張釋之嚴懲。

張釋之一問，那人說：「我遠遠就看見皇帝陛下的御駕，急忙避讓到橋下。後來我以為御駕已經走了才出來，沒想到剛好碰上了車馬。」

張釋之調查後認為情況屬實，就向漢文帝面奏：「此人驚動了陛下的御馬，應罰金四兩。」

漢文帝聽完後，大怒道：「這個人嚇驚了我的御馬，幸虧這匹馬性情溫和，若是其他馬，我不就受傷了嗎！你身為廷尉，此人如此大罪，就僅僅罰金四兩？」

張釋之從容不迫地答道：「法是國家定的，不是哪一個人所定，天子和老百姓應共同遵行。就因為這個人冒犯了陛下，陛下就重重懲治，這是法不取信於民。況且陛下剛抓到他的時候，立刻殺了就算了。既然交給廷尉處置，就要依法量刑。廷尉是國家的執法官，就要秉公處置。執法的人都不依法辦事，那怎能治理好百姓呢？」

漢文帝聽完沉思了一下，說：「你說得對，廷尉應該如此。」

不久後，有個人偷盜了高廟座前的玉環，被當場抓住。

漢文帝提倡以孝治天下，孝心深重。他一聽說有人偷竊祖宗供座的物品，他十分生氣，立刻讓人把賊交給張釋之嚴懲。張釋之審完後，以盜竊皇室宗廟御物的罪名判那個人死刑。

漢文帝知道後，很氣憤地說：「人竟能如此無德，膽大到敢偷先帝的神器。我讓你這個廷尉審理，就是要治他滅族之罪。」

在漢代，滅族之罪是最重的刑罰。漢文帝又接著說：「你不嚴懲，反以常法處理，以後人們怎還會尊敬高廟呢？」

張釋之深知漢文帝最忌恨這種人，為了依法治人，他免冠頓首[044]地爭辯說：「法是國家的根本，所犯之法要與所置之刑相等。現在有人偷了宗廟的器物，陛下就要滅族；若有人在皇陵上取了一抔土，陛下將如何治罪？按說盜皇陵土比盜宗廟器物罪還大。」漢文帝一聽，頓時無言對答。

下朝後，漢文帝跟薄太后講了此事，母子倆都對張釋之的秉公執法讚不絕口。

由於張釋之為官正直，執法上下如一，得到了許多人的敬重。當時，朝中大臣如周亞夫、王恬等都敬重他的人格，並與之深交。

相關連結：文景之治

「文景之治」是指漢文帝、漢景帝在位時期的治世。漢初，多年戰亂導致社會經濟凋敝，漢朝推崇「黃老之學」，採取「輕徭薄賦」、「與民休息」的政策。文景時期，重視「以德化民」，當時社會安定，百姓富裕。到景帝後期，國家的糧倉豐盈起來，府庫裡積存了大量銅錢，連穿錢的繩子都爛了，散錢更是

[044] 免冠頓首：拿下帽子磕頭，古時表示謝罪。

多得無法計算。「文景之治」也為後來漢武帝征伐匈奴奠定了堅實的物質基礎。

救父的勇敢少女緹縈[045]

「欲報親恩入漢關，奉書一闕拜天顏。世間不少男兒漢，可似緹縈救父還。」這是後人所作的一首詩，這首詩讚揚的是西漢王朝初期的一個小女子 —— 緹縈。在父親無辜蒙冤時，少女緹縈挺身而出，為父申冤，並以一己之力推動了漢朝的刑法改革。

挺身而出的女兒

漢文帝時期，齊國臨淄有一個讀書人叫淳于意，曾做過齊國的太倉令。但淳于意喜愛醫學，不願做官，後來就拜同郡的陽慶為師，學了一手精絕的醫術，能根據病象診斷人的生死，施治極為靈驗。但他一向自由散漫，喜歡周遊天下，故而辭官行醫。

因為他能預斷生死，所以他只治療能治好的人，對於那些病入膏肓的人則撒手不管。人們不理解，就以為他是故意見死

[045] 緹縈：ㄊㄧˊ ㄧㄥˊ。

不救，因此雖然他治好了許多人，卻也結了不少冤家。

西元前176年，有人報官說，淳于意在擔任太倉令時貪汙，按法當處以肉刑[046]。因為淳于意當過太倉令，需要押往長安經過朝廷審理後才能判決。淳于意沒有兒子，只有五個女兒，臨行前，父女話別，五個女兒看著披枷戴鎖的父親，痛哭失聲。

淳于意無端蒙冤，心中已萬念俱灰，看到五個女兒只會哭哭啼啼，無人能為自己洗刷冤屈，更加心煩，不禁感嘆說：「生女不如生男，遇到急難，五個女兒完全派不上用場。」淳于意的小女兒緹縈聽到父親的話，看著父親失望的眼光和四個只會哭的姊姊，心中豪氣陡升，暗想：「男兒是人，女兒也是人，女兒就不能為父做事嗎？」於是她決定隨父西行，解救父親。

百男何憒憒，不如一緹縈

緹縈到了長安，但面見皇帝相當困難，就寫了一封信上奏漢文帝說：「我叫緹縈，是齊太倉令淳于意的女兒。我父親為官，清正廉潔，齊地百姓有口皆碑。現在卻犯法要處以肉刑，我作為女兒，不僅替父傷心，也為那些受肉刑的人傷心。人死不能復生，手足被砍也不能再長出來，以後就算想重新做人也沒有機會了。我身為女子，願被罰做官奴，替父親頂罪，好讓他有改過自新的機會。」

---

[046] 肉刑：當時的肉刑有臉上刺字、割去鼻子、砍去左足或右足等。

漢文帝是開創了歷史上少有的盛世「文景之治」的皇帝，他恭儉仁厚、以德化民，在位期間海內安寧，百姓安居。他見到緹縈的上書後，感其孝誠，就免除了淳于意的刑罰，同時頒發詔書，廢除由來已久的殘酷肉刑。不久，丞相張蒼等人根據這個詔書廢除了肉刑，決定用笞刑[047]代替割鼻、砍腳等，並頒布了新刑法。

緹縈不僅救了父親，也替天下人做了一件好事，百姓更加遵紀守法，刑事案件年年減少。據說，當時全國一年只有四百件刑案。人們紛紛稱讚緹縈的膽識與勇氣。

後來，東漢著名的史學家班固還專門寫了一首長詩稱讚緹縈：「三王德彌薄，唯後用肉刑。太倉令有罪，就遞長安城。自恨身無子，困急獨煢煢[048]。小女痛父言，死者不可生。上書詣闕下[049]，思古歌〈雞鳴〉。憂心摧折裂，晨風揚激聲。聖漢孝文帝，惻然感至情。百男何憒憒[050]，不如一緹縈。」最後一句話的意思是：一個緹縈遠遠勝過一百名平庸男子，藉此批評根深蒂固的重男輕女偏見。

相關連結：封建社會的「五刑」

「五刑」是指古代的五種刑罰。其中，「奴隸制五刑」包括墨、劓、剕、宮、大辟。進入封建社會後，奴隸制肉刑逐漸被廢除。於是「封建五刑」出現了，封建五刑分別為笞、杖、徒、流、死。

---

[047] 笞刑：笞，音ㄔ。是以竹、木板責打犯人背部、臀部或腿部的輕刑，針對輕微犯罪而設，或作為減刑後的刑罰。

[048] 煢：ㄑㄩㄥˊ。

[049] 詣闕下：指前往朝廷。詣，至，前往。闕，古時宮殿前紅色的雙柱，代指朝廷。

[050] 憒：ㄎㄨㄟˋ。

平定「七國之亂」的周亞夫

劉邦在建立漢朝後，分封了一些同姓諸侯王。原本是想讓他們拱衛皇權、鞏固統治，但在若干年後，這些野心膨脹的諸侯王卻成了大漢王朝的心腹之患，嚴重威脅王朝的安全。正是在這樣的背景下，「七國之亂」爆發了。叛軍步步緊逼，漢軍節節敗退，在這緊要關頭，一個將軍臨危受命，指揮若定，只用了三個月就消滅了原本不可一世的叛軍，保衛了漢朝社稷。他就是一代名將周亞夫。

細柳營中的不尋常

漢文帝時期，匈奴大舉進犯漢朝內地。漢文帝為了抵禦匈奴，便在埔上、棘門、細柳三個地方設軍駐防。其中，細柳營的統帥乃是名將周勃的次子周亞夫。

有一天，漢文帝親自前往三營犒勞軍士。在視察埔上、棘門這兩個營地的時候，漢文帝的車隊進出十分自由，這兩個營地的將士也都列隊畢恭畢敬地迎送漢文帝。對此，漢文帝十分高興，他給予將士們一番勉勵後，便驅車前往細柳營。豈料天子車隊的先驅小隊到了細柳營之後，非但沒有被恭敬地迎進，反而被阻擋在門外。

先行官以為守門軍士不認識天子的儀仗，於是十分得意地高聲喊道：「天子將至！」他本以為這麼說，守門將士便會對他畢恭畢敬。豈料守門軍士依然面不改色，厲聲說道：「周將軍有令，軍中只聞將軍號令，不奉天子之詔。」依然不開啟營門。

沒多久，漢文帝到了，他了解了事情的前因後果後並沒有勃然大怒，只是納悶為何細柳營和埔上、棘門兩營所遇不同。同時，他命使者持天子符節 [051]，告諭周亞夫說：「我想入營勞軍。」周亞夫這才傳令開啟軍門，讓漢文帝等人進入。

漢文帝心中疑惑，想要快點詢問周亞夫發生什麼事，於是傳令車隊快速前行。這時候軍士又稟告說：「周將軍有令，軍營中除非有緊急事件，否則一律不准縱馬馳行。」漢文帝聽到此言更感驚訝，心想周亞夫營中為何這麼多規矩？他又吩咐從屬軍騎依照軍令緩慢前行。

在車隊緩緩行進的途中，漢文帝仔細觀察四周，只見將士們個個身披盔甲、手持兵刃，始終處於戰鬥狀態中；執弓之士更是將箭搭在弦上，以便隨時能夠發射。每個人都堅守職位，並沒有因為皇帝的到來而擅離職守，這種景象比起之前埔上、棘門兩營所見的列隊歡迎真是迥然不同。

漢文帝看到如此威嚴壯觀的景象，心中不免震驚，他也變得像細柳營中的將士一樣，十分謹慎地服從軍令，不敢違背。

[051] 符節：古代朝廷傳達命令、徵調兵將以及用於各項事務的憑證。用金、銅、玉、角、竹、木、鉛等不同原料製成。用時雙方各執一半，合之以驗真假，如兵符、虎符等。

到了帥帳後，周亞夫手持兵器，向漢文帝作揖道：「甲冑之士不拜，請以軍禮相見。」漢文帝十分意外，頓時動容，立刻站起身來，在車上依禮回拜。

禮成之後，漢文帝離去，出軍門時，他才終於鬆了一口氣，不由得讚嘆說：「似周亞夫這般，才是威風凜凜、能夠獨當一面的將軍啊！之前巡視的埔上、棘門兩營，若是真正上戰場了，大概只能被俘虜。像周亞夫將軍的部隊，誰又敢侵犯他們呢？」

一個月後，漢軍擊退了匈奴，埔上、棘門、細柳三地的駐軍也都被裁撤。但是漢文帝對周亞夫卓越的將才念念不忘，就升了他的官。漢文帝臨死之前還特別囑咐太子，也就是後來的漢景帝劉啟：「一旦國家陷入危難，就任周亞夫為將，他一定能夠匡扶社稷，為國家撫平亂事。」

三個月平定「七國之亂」

漢景帝劉啟登基時三十歲，很快，他和大漢王朝就面臨了一場嚴重的危機。

當初漢景帝還是太子時，吳王劉濞[052]的兒子劉賢入京覲見，陪伴劉啟喝酒、下棋。劉賢的師傅都是楚人，這使他養成了輕佻、剽悍的個性，加上平時很驕矜，與劉啟博弈時為棋路

[052] 濞：ㄆㄧˋ。

相爭，態度不敬，劉啟就拿起棋盤打了劉賢，不料把劉賢打死了。劉濞中年喪子，從此就非常怨恨劉啟。

西元前 155 年，大臣晁錯看到漢景帝因當下同姓諸侯國勢力過大而苦惱，就上了一道奏疏〈削藩策〉，建議漢景帝削弱各諸侯國的實力，從而加強朝廷的統治。漢景帝也採納了晁錯的建議，但是這必然會遭到早已權力膨脹的諸侯們的反對，於是就釀成了西漢著名的「七國之亂」。

西元前 154 年，以吳王劉濞、楚王劉戊[053]為首的七國諸侯，不滿漢景帝的削藩政策，以「誅晁錯，清君側」為名，舉兵叛亂。叛軍來勢洶洶，漢景帝無奈之下，決定犧牲晁錯以換取諸侯退兵，將晁錯腰斬於市。但殺死晁錯並沒有讓七國軍隊停止進攻，七國聯軍反而認為漢景帝軟弱無能，於是劉濞自稱「東帝」，與西漢政權分庭抗禮。漢景帝這才下定決心鎮壓叛亂，統領漢軍的就是周亞夫。

因為七國早已約定好，所以七國聯軍在叛亂的初期很順利，向西連拔數座城池。但是到了長安和東面諸侯之間的緩衝地帶 —— 梁國境內，卻遇到頑強的抵抗，畢竟梁王劉武是漢景帝的親弟弟。梁國的城池堅固可靠，叛軍一時攻克不下，耗費了許多時間。

---

[053] 戊：ㄨˋ。

不過面對聲勢浩大的七國聯軍，梁王劉武也很緊張，一直催周亞夫發兵救援。熟諳兵法的周亞夫認為此時叛軍氣勢過旺，正面與之相抗不是明智之舉，所以就一直按兵不動，任梁

王喊破喉嚨也不動。不過周亞夫也不是一味地等候叛軍筋疲力竭，而是暗地裡派兵攻占了叛軍的糧草營，導致聯軍失去了供給，士兵們也就無力戰鬥，軍隊的士氣大幅下降。

眼看著叛軍士氣降低的周亞夫，便和梁國軍隊聯合夾擊七國聯軍，不久聯軍就被打得四分五裂。吳王劉濞帶著殘兵逃到了東越，最後還是被越王斬下首級獻給了朝廷。其他六個諸侯王皆自殺身亡，「七國之亂」由此平定。

在平定「七國之亂」的戰爭中，周亞夫統率漢軍，僅用三個月就拯救了漢室江山。

相關連結：「封建」的含義

周朝時，已有「普天之下，莫非王土；率土之濱，莫非王臣」的概念。但當時，「天子」只是名義上的，而他把擁有的土地分封給貴族和功臣，就是「封建」。

「封」是劃定疆域，「封」的辦法，是國與國之間有一條國境，由周天子派人犁一條溝，將溝裡的土翻上來，然後在上面種樹，這就是「封」。

「建」就是任命國君，不但封了一塊土地，還指定了統治者。合起來就叫「封建」。

漢初在實行郡縣制的同時，也分封了一批劉姓諸侯，這為之後的「七國之亂」埋下了隱患。

世界史開幕第一人張騫

「他是一位冒險家，也是一位天才的外交官，同時又是一員戰將，真可謂中國史上出類拔萃的人物。」這是歷史學家翦伯贊對張騫的評價。張騫兩次出使西域，打開了外交的大門，建構了西漢與西方國家友好往來的橋梁。梁啟超曾經誇讚在危難中不失氣節的博望侯張騫：「堅忍磊落奇男子，世界史開幕第一人。」

第一次出使西域

漢武帝初年的時候，匈奴中有人投降了漢朝。漢武帝透過他們了解了一些西域[054]的近況。他們說有一個月氏國，被匈奴打敗後向西逃跑，定居在西域一帶。他們跟匈奴有仇，想要復仇，但是沒有人幫助他們。

漢武帝想，月氏在匈奴西邊，漢朝如果能跟月氏聯合，切斷匈奴跟西域各國的聯繫，不就等於切斷了匈奴的右臂嗎？於是他下了一道詔書，徵求能幹的人前往月氏。當時誰都不知道月氏國在哪，也不知道有多遠，要擔負這個任務，得要鼓起很大的勇氣。

有個年輕的郎中覺得這是一件有意義的事，率先應徵，這

[054] 西域：漢朝時指現在玉門關以西的新疆和中亞地區。

個人就是張騫。有他帶頭，其他人也陸續響應，有一百名勇士應徵。有一個在長安的匈奴人叫堂邑父，也願意跟張騫一起去尋找月氏國。

西元前一三八年，漢武帝派張騫帶著一百多人出發去尋找月氏國。但是要到月氏國，一定要經過匈奴占領的地界。張騫他們小心地走了幾天，還是被匈奴兵發現了，全員成為了俘虜。

匈奴人沒有殺他們，只是派人把他們關押起來，這一關，就是十多年。

日子久了，匈奴的管束也鬆懈了下來。張騫就跟堂邑父商量了一下，趁匈奴人不注意，騎上兩匹快馬逃走了。他們一直向西跑了幾十天，吃盡苦頭，終於逃出了匈奴地界，但還是沒找到月氏國，卻闖進了另一個叫大宛的國家。

大宛和匈奴是近鄰，當地人懂得匈奴話。張騫和堂邑父都會說匈奴話，溝通順暢。他們求見大宛王，大宛王早就聽說漢朝是個富饒強盛的大國，一聽到漢朝的使者到了，很歡迎他們，並且派人護送他們到康居，再由康居到了月氏國。

月氏被匈奴打敗以後，遷到大夏附近建立了大月氏國，不想再跟匈奴作戰。大月氏國王聽完張騫的話後，卻絲毫不感興趣，但是因為張騫是漢朝的使者，大月氏國王還是有禮地接待了他們。

張騫和堂邑父在大月氏住了一年多，還拜訪了一次大夏，大開了一番眼界。但是他們無法說服大月氏國共同對付匈奴，只好回去。經過匈奴地界時，又被扣押了一段時間，幸好匈奴發生了內亂，他們才逃出來回到長安。

張騫在外面足足過了十三年才回來，漢武帝認為他立了大功，封他為太中大夫。

滇越古國的新發現

張騫向漢武帝詳細報告西域各國的情況，他說：「我在大夏看見邛山[055]出產的竹杖和蜀地出產的細布。當地人說這些東西是商人從天竺買來的。」他認為既然天竺可以買到蜀地的東西，那麼一定離蜀地不遠。

漢武帝就派張騫為使者，帶著禮物從蜀地出發，去結交天竺。張騫把人馬分為四隊，分頭去尋找天竺。四路人馬各走了兩千里，都沒有找到，有的還被當地的部族擊退。

往南走的一隊人馬到了昆明，也被擋住了。使者們只好繞過昆明，到了滇越。滇越國王的祖先原是楚國人，已經與中原隔絕數代了。他樂意幫助張騫尋找去天竺的路，可是昆明橫在中間，也束手無策。

張騫回到長安，漢武帝認為他雖然沒有找到天竺，但是結交到了從未聯繫過的滇越，也很滿意。

[055] 邛：ㄑㄩㄥˊ。

第二次出使西域

到了衛青、霍去病消滅匈奴兵主力，匈奴逃往大沙漠北面以後，西域一帶許多國家看到匈奴失勢，都不願意再向匈奴進貢納稅。漢武帝就趁這個機會再派張騫出使西域。

西元前119年，張騫和他的幾個副手，手持漢朝的旌節[056]，帶著三百名勇士，每人兩匹馬，還帶著一萬多頭牛羊和黃金、錢幣、綢緞、布帛等禮物，去結交西域。

張騫到了烏孫，烏孫王出來迎接。張騫送了他一份厚禮，建議兩國結為親戚，共同對付匈奴。烏孫王只知道漢朝離烏孫很遠，可不知道漢朝的兵力有多強。他想得到漢朝的幫助，又不敢得罪匈奴，因此烏孫君臣對共同對付匈奴這件事商議了幾天，還是猶豫不決。

張騫怕耽誤了時機，就打發他的副手們帶著禮物，分別去聯繫大宛、大月氏、于闐等國。

許多副手去了很久沒回來，烏孫王就先送張騫回長安。他派了幾十個人跟張騫一起到長安參觀，還帶了幾十匹高頭大馬送給漢朝。漢武帝見了他們已經很高興了，又看見烏孫王送的駿馬，便格外優待烏孫使者。

過了一年，張騫病逝。張騫派到西域各國去的副手也都陸續回到長安。副手們合算到過的地方，總共三十六國。

自此以後，漢武帝每年都派使節去訪問西域各國，漢朝和西域各國建立了友好的關係。西域派來的使節和商人也絡繹不絕。天馬、汗血馬等良種馬傳入長安，葡萄、核桃、苜蓿[057]、

---

[056] 旌節：古代指使者所持的節，以為憑信。後藉以泛指信符。

[057] 苜蓿：ㄇㄨˋ ㄙㄨˋ。

石榴、胡蘿蔔和地毯等傳入中原，豐富了漢族的經濟生活。漢族的鑄鐵、開渠、鑿井等技術和絲織品、金屬工具等傳到了西域，促進了西域的經濟發展。中國的絲和絲織品，經過西域運到西亞，再轉運到歐洲，後人把這條路線稱作「絲綢之路」。

相關連結：絲綢之路

「絲綢之路」是指起始於古代中國，連線亞洲、非洲和歐洲的古代陸上商業貿易路線。絲綢之路起源於漢武帝派張騫出使西域，打通其基本幹道。它以西漢首都長安為起點，經河西走廊到達西域。它的最初目的是運輸絲綢。因此，德國地理學家李希霍芬（Richthofen）最早在西元 1870 年代將之命名為「絲綢之路」（Silk Road），後被廣泛接受。

大破匈奴的衛青與霍去病

中國史上大概找不到像衛青和霍去病這樣一對名聲顯赫的名將組合了。兩個人既是舅甥，又同為大漢帝國的將軍，都在征伐匈奴的戰鬥中立下豐功偉業，兩個人就像雙子座一般，在名將的銀河中格外引人注目。

衛青驅逐右賢王

衛青出身低微，他的父親在平陽侯曹壽家裡工作。衛青長大以後，在平陽侯府當了一名騎奴。後來因為衛青的姊姊衛子夫進宮，受到漢武帝的寵幸，衛青的地位才漸漸變得顯貴。

西元前 124 年，衛青率領騎兵三萬追擊匈奴。匈奴右賢王以為漢軍還很遠，就毫無防備地在兵營裡飲酒作樂，喝得酩酊大醉。衛青在夜色的掩護下，急行軍六七百里，包圍了右賢王的兵營。漢兵從四面八方衝進匈奴營地，打得匈奴部隊四處逃竄。右賢王從宿醉中醒來，但要反抗已經來不及了，只好帶著幾百個親信脫身逃走。

這一仗，衛青的人馬一共俘獲了一萬五千多名俘虜，其中有十幾名是匈奴的王爺。匈奴的左右賢王只比單于低一級。這次戰爭，右賢王全軍覆沒，對匈奴單于是一個很大的打擊。

漢武帝得到捷報，立刻派使者拿著大將軍印送到軍營，宣布任衛青為大將軍，連他的三個還沒有成年的兒子也封為侯。衛青推辭說：「這幾次勝仗都是部下將士的功勞。我那三個孩子都還小，沒立過什麼功績。要是皇上封他們為侯，又怎麼能勉勵戰士立功呢？」漢武帝經他提醒，就封了衛青部下的七名將軍為侯。

霍去病戰場揚威

第二年，匈奴又來犯。漢武帝就派衛青率領六個將軍和大隊人馬去抵抗匈奴。

衛青有一個外甥，叫霍去病，那時候才十八歲。他非常勇敢，又會騎馬射箭，這次也跟著衛青一起去攻打匈奴。

匈奴聽到漢軍大批人馬來進攻，就立即撤退。衛青派四路人馬分頭去追趕匈奴部隊，想擊潰匈奴主力。衛青自己坐鎮大營，等候消息。到了晚上，四路兵馬都回來了，不過並沒有找到匈奴主力，有的殺了幾百個兵士，有的連一個敵人也沒有找到，空手而歸。

霍去病當時還年輕，第一次出來打仗，只是個校尉。他帶領八百名壯士組成一個小隊，去找匈奴部隊。他們向北跑了一段時間，一路上沒看見匈奴兵士，一直趕了幾百里路，才遠遠看見匈奴兵的營帳。他們偷偷地繞道抄過去，瞄準一個最大的帳篷，猛然衝了進去。霍去病眼明手快，一刀殺了一個匈奴貴族，他手下的壯士又活捉了兩個。匈奴兵失去首領，四處奔逃，八百個壯士追上去又殺了兩千多名匈奴兵，才趕回大營。

衛青在大營裡正等得焦急，只見霍去病提了一個人頭回來，後面的兵士還押了俘虜。審問後，才知道這兩個俘虜一個是單于的叔叔，一個是單于的相國，那個被霍去病殺掉的是單于爺爺那一輩的王爺。

十八歲的霍去病第一次參加作戰，就逮到了匈奴的兩個將官，這功勞可真不小。戰鬥結束後，他被封為冠軍侯。

西元前一二一年，漢武帝又封霍去病為驃騎將軍，率領一萬騎兵從隴西出發，進攻匈奴。霍去病的兵馬連續跟匈奴兵打了六天，匈奴兵抵擋不住，向後敗退。霍去病和他的騎兵越過燕支山，追擊了一千多里。那邊還有不少是匈奴的屬國，像渾邪[058]、休屠。漢兵到了那裡，俘虜了渾邪王的王子和相國，也繳獲了休屠王祭天的金人。

漢武帝為了慰勞霍去病，要替他蓋一座住宅。霍去病推辭了，他說：「匈奴還沒消滅，怎麼能安家呢！」

封狼居胥，威震萬里

為了根除匈奴的侵犯，到了西元前 119 年，漢武帝經過充分準備後，再次派衛青、霍去病各帶五萬精兵，分兩路合擊匈奴。

衛青從定襄郡出塞，穿過大沙漠，行軍一千多里，與匈奴的伊豐邪單于親自率領的精兵嚴陣對抗。雙方展開了一場大戰，激戰到夜幕降臨的時候，沙漠上突然颳起一陣狂風，夾帶著沙礫，一時天昏地暗。衛青頂著狂風，冒著撲面的沙礫，命令騎兵分左右兩翼夾攻。伊豐邪單于招架不住，帶了幾百名騎兵向北突圍逃走。衛青一直追到窴顏山[059]下的趙信城，匈奴兵都逃走了，城裡貯存了不少糧草。衛青讓兵士們飽餐一頓，把多餘的積糧燒了，才勝利回師。

---

[058] 渾邪：ㄏㄨㄣˊ ㄧㄝˊ。

[059] 窴顏山：窴，音ㄊㄧㄢˊ。窴顏山，古山名，在今蒙古高原杭愛山南面。

另一路，霍去病也橫越大沙漠，前進兩千多里，大破匈奴左賢王的兵馬，一直追到狼居胥山下，在那裡立了一塊石碑留作紀念。

這是漢朝規模最大、進軍最遠的一次追擊。自此以後，匈奴撤退到大沙漠以北，沙漠南面就沒有匈奴的王庭[060]了。

相關連結：歷代兵家最高追求 —— 封狼居胥

西元前 119 年，霍去病率領大軍追擊匈奴，一直追到狼居胥山。就在這裡，霍去病暫作停頓，率大軍進行了祭天地的典禮。祭天封禮於狼居胥山舉行，祭地禪禮於姑衍山舉行。

封狼居胥之後，霍去病繼續率軍深入追擊匈奴，一直打到瀚海方才回兵。經此一役，「匈奴遠遁，漢南無王庭」。霍去病和他的「封狼居胥」，從此成為中國歷代兵家的最高追求。這一年，霍去病年僅二十一歲。

勇猛的「飛將軍」李廣

「秦時明月漢時關，萬里長征人未還。但使龍城飛將在，不教胡馬度陰山」。唐代詩人王昌齡的這首〈出塞〉耳熟能詳，

[060] 王庭：指西北少數民族君長設幕立朝的地方。

詩中稱讚的「龍城飛將」，就是漢武帝時期的名將、被稱為「飛將軍」的李廣。李廣作戰勇猛，精於騎射，是西漢名將的傑出代表。

急中生智，死裡逃生

漢武帝時期，在反擊匈奴的長期作戰中，有一位勇敢機智、能征善戰、精於騎射的三朝老將軍，立下了大功，他的名字叫李廣。

李廣攻打匈奴時，騎馬飛快、箭也射得很準。匈奴的貴族和騎兵，都知道李廣很厲害。在漢文帝父子兩代，規定只能將來犯的匈奴逼出境、絕不追擊到匈奴的地界，所以匈奴只要知道李廣在邊界附近，就不敢來犯。朝廷讓他擔任過隴西太守，漢景帝時他當過北郡太守。隴西、北郡，都是北方的邊界地區。

西元前 129 年，匈奴又來進犯，一直打到上谷。漢武帝派衛青、李廣等四個將軍，每人帶一萬人馬，分四路去抵抗匈奴。這四個將軍當中，李廣年紀最大。他在漢文帝的時候就是將軍。漢文帝曾經對他說：「可惜你在我這裡只能當將軍，如果你在高祖手下，封個萬戶侯 [061] 都嫌太少了。」

一次，李廣帶著一百個騎兵追趕三個匈奴兵，追了幾十里才追上。他射死了其中兩個，活捉了第三個，正準備回營，前

[061] 萬戶侯：古代最高一級侯爵，享有萬戶農民的賦稅，後來泛指高官貴爵。

面突然來了幾千個匈奴騎兵！怎麼辦？李廣急中生智，對士兵們說：「我們離大軍還有幾十里，來不及回去。乾脆下馬，把馬鞍也卸下來，大家躺在地上休息一下。匈奴以為我們是要引他們過來，一定不敢打過來。」

李廣他們都下了馬，匈奴的將軍果然起了疑心，馬上叫士兵們上山，排起防禦陣型。有一個騎著白馬的將軍衝下山，李廣立刻催馬趕過去，只一箭，就把他射死了。李廣一回來，又下了馬，躺在地上。天黑了，匈奴認為前面一定有埋伏，提心吊膽地守著山頭。到了半夜，匈奴兵趁著天黑，偷偷逃走了。天亮後，李廣一看山上沒有人，大家這才回到大營。

李廣箭法好，行動迅速，難以預測他的動向，匈奴人就為他取了一個外號叫「飛將軍」。

機智的逃脫

有一次，漢武帝派四路人馬抵抗匈奴。當時匈奴的首領叫軍臣單于，他將大部分兵馬集合起來，沿路設了埋伏，要活捉李廣。李廣打了勝仗，便往前追擊。匈奴卻是假裝被打敗要引他進去，李廣陷入了危機。他掉進地坑，被匈奴的伏兵活捉，匈奴的將士們非常高興。他們一看李廣快死了，就把他放在用繩子編成的吊床裡，用兩匹馬馱著，送到大營裡去請功。

匈奴的將士們一路走，一路唱著歌；李廣躺在吊床上紋絲不動，好像死了似的。大約走了幾十里，他瞄到旁邊一個匈奴兵騎著一匹好馬，就費力掙扎，猛地跳上那匹好馬，把匈奴兵推下馬，掉過馬頭拚命往回跑。

等到匈奴的將士們去追，李廣已經跑到山裡了。匈奴的將士們看著李廣越跑越遠，也無可奈何，只好乾瞪著眼看他逃回去。

射虎的誤會

李廣因為吃了敗仗，被定了死罪。後來按朝廷的規定，交錢贖罪就可以回老家當一介平民。第二年秋天，也就是西元前一二八年，匈奴兩萬騎兵又攻打過來，殺了遼西太守，擄去青年男女兩千多人和不少財物。漢武帝又起用李廣，派他為右北平太守。

李廣做了右北平太守，匈奴嚇破了膽，逃到別處。右北平一帶沒有匈奴了，可是那裡野獸太多，常有老虎傷人。一天，李廣比較晚回來，天色半明半暗，正是老虎出來的時候。他和隨從的人都很小心，唯恐山腰裡突然跳出一隻老虎，他們一邊走，一邊提防。

忽然，李廣看見山腳下的草叢裡隱約蹲著一隻斑斕猛虎，拱著脊梁正準備撲過來。他連忙拿起弓箭，立刻射了過去。

第二天，天剛濛濛亮，李廣的手下就到昨天射箭的地方查看。他們走近一看，全都愣住了。原來中箭的是一塊像老虎的大石頭！而箭深深插入石頭，拔也拔不出來。

消息傳開後，匈奴更不敢來侵犯右北平了。

相關連結：「李廣難封」的典故

唐代詩人王勃的代表作〈滕王閣序〉中有一句名言：「時運不齊，命途多舛；馮唐易老，李廣難封。」「李廣難封」常常被用以慨嘆功高不爵、命運多舛。

李廣是漢武帝時期的著名將領，一生征戰匈奴七十餘次，常常以少勝多，匈奴人聞風喪膽，稱之為「飛將軍」，數年不敢來犯。然而這位戰功卓著、倍受士卒愛戴的名將，在連年用兵、軍功易得的漢武帝時代，居然沒有封侯。究其原因，李廣雖然卓有名聲，但不常打大勝仗。他只是在一些特殊戰況下，靠個人的勇武獲得了一些出色的戰績，所以才一直沒有封侯。

北海[062]牧羊的蘇武

「蘇武留胡節不辱，雪地又冰天，苦忍十九年，渴飲雪，飢吞氈，牧羊北海邊……」〈蘇武牧羊〉描繪了漢朝使臣蘇武北海牧羊十九年的艱辛經歷，歌頌了蘇武不屈不撓的堅定意志和高尚的民族氣節。蘇武為何出使匈奴？為何在北海牧羊十九年？他又是如何回到漢朝的呢？

---

[062] 北海：如今的貝加爾湖，位於俄羅斯東，西伯利亞南部，古稱「北海」，曾是中國古代北方游牧民族的主要活動地區。

出使匈奴，遭遇變故

匈奴自從被衛青、霍去病打敗以後，好幾年都沒有興兵漢朝。他們口頭上跟漢朝和好，可實際上還是隨時想進犯中原。

匈奴的單于一次次派使者來求和，可是漢朝的使者到匈奴回訪，有的卻被他們扣留了，所以漢朝也扣留了一些匈奴使者。西元前 100 年，漢武帝想出兵攻打匈奴，匈奴卻派使者來求和，還把漢朝的使者都放了回來。

漢武帝為了回報匈奴的善意，就派中郎將蘇武拿著旌節，帶著副手張勝和隨員常惠出使匈奴。蘇武到了匈奴之後，送回扣留的使者，送上禮物。蘇武正等單于寫一封信讓他回朝，沒想到就在這個時候，發生了一件倒楣的事。

蘇武還沒到匈奴之前，有個在漢朝為官的胡人叫衛律，在出使匈奴後投降了匈奴。單于很重用他，封他為王。衛律有一個部下叫虞常，對衛律很不滿。虞常跟蘇武的副手張勝是朋友，就暗地裡跟張勝商量，想殺了衛律，劫持單于的母親，逃回中原。張勝同意了，沒想到虞常的計畫沒有成功，反而被匈奴人逮到了。單于大怒，叫衛律審問虞常，還要查問出同謀的人。

蘇武本來不知道這件事，到了這時候，張勝怕受到牽連，才告訴蘇武。蘇武說：「事情已經到了這個地步，一定會牽連到我。如果被他們審問後才死，不是更丟朝廷的臉嗎？」說罷，就拔出刀要自殺。張勝和隨員常惠動作快，奪走他手裡的刀，勸他停手。

寧死不屈，牧羊北海

虞常受盡種種刑罰，只承認跟張勝是朋友、只跟張勝說過話，打死也不承認跟張勝同謀。衛律向單于報告，單于大怒，想殺死蘇武，被大臣勸阻了。單于又叫衛律去逼迫蘇武投降，蘇武一聽衛律叫他投降，就說：「我是漢朝的使者，如果違背了使命，喪失了氣節，即使活下來還有什麼臉見人？」說完又拔刀揮向脖子。

衛律慌忙抱住他，而蘇武的脖子已劃傷，昏了過去。衛律趕快叫人搶救，蘇武才慢慢甦醒過來。單于覺得蘇武是個有氣節的好漢，十分欽佩他。

等蘇武的傷痊癒了，單于又逼蘇武投降，就派衛律審問虞常，讓蘇武旁聽。衛律先殺虞常，接著又舉劍威脅張勝，張勝貪生怕死，投降了。

衛律對蘇武說：「你的副手有罪，你也要連坐。」

蘇武說：「我既沒有跟他同謀，又不是他的親屬，為什麼要連坐？」

衛律舉劍威脅蘇武，蘇武不動聲色。衛律沒有辦法，只好放下劍，勸蘇武說：「我也是不得已才投降匈奴的，單于待我很好，封我為王，給我幾萬名的部下和滿山的牛羊，讓我享盡富貴榮華。先生如果能夠投降匈奴，明天也能跟我一樣，何必白白送掉性命呢？」

蘇武怒氣沖沖地站起來說：「衛律，你曾經也是漢朝的臣子，你忘恩負義，背叛了父母，背叛了朝廷，還有什麼臉和我說話？我絕不投降，怎麼逼我也沒有用。」

衛律碰了一鼻子灰，回去向單于報告。單于把蘇武關在地窖裡，不給他吃喝，想以長期折磨逼他屈服。這時候入冬了，外面下著鵝毛大雪。蘇武忍飢挨餓，渴了就捧一把雪止渴，餓了就拿一些皮帶、羊皮片充飢。過了幾天，他居然還沒有餓死。

單于見折磨也沒用，就把他送到北海放羊，跟部下常惠分開，不讓他們互通消息，還對蘇武說：「等公羊生了小羊，就放你回去。」公羊怎麼會生小羊呢？這只是要長期監禁他罷了。

鴻雁傳書，回歸故國

蘇武獨自到了北海，唯一和他做伴的是那根代表朝廷的旌節。匈奴不給他口糧，他就挖野鼠洞裡的種子充飢。日子一久，旌節上的穗子全都掉光了。

一直到了西元前八五年，匈奴的單于死了，匈奴發生內亂，分成了三個國家。新單于沒有力量再跟漢朝打仗，又派遣使者求和。那時候漢武帝已經駕崩，他的兒子漢昭帝即位。漢昭帝派使者到匈奴，要求單于放回蘇武。匈奴謊稱蘇武已經死了，使者信以為真，就沒有再提。

第二次，漢朝使者又到了匈奴，蘇武的隨從常惠還在匈奴。

常惠買通匈奴人，私下和漢朝使者見面，把蘇武在北海牧羊的情況告訴使者。使者見了單于，嚴厲責備他說：「匈奴既然想與漢朝和好，就不應該欺騙漢朝。我們皇上在御花園射下一隻大雁，雁腳上拴著一條綢緞，上面寫著蘇武還活著，你怎麼說他死了呢？」

單于聽罷，嚇了一大跳。他還以為真的是蘇武的忠義感動了飛鳥，連大雁也替他捎信。單于向使者道歉說：「蘇武確實還活著，我們把他放回去就是了。」

蘇武出使的時候才四十歲，在匈奴受了十九年的折磨，鬍鬚、頭髮全白了。回到長安的那天，長安的百姓都出來迎接他。他們瞧見白鬍鬚、白頭髮的蘇武手裡拿著光禿禿的旌節，都非常感動，稱頌他是個有氣節的大丈夫。

相關連結：「鴻雁傳書」的典故

如今，人們常常用「鴻雁傳書」指書信往來，這個典故就來自蘇武的經歷。

漢武帝時，使臣蘇武被匈奴扣留，被押在北海苦寒之地多年。後來漢朝派使者要求匈奴釋放蘇武，匈奴單于謊稱蘇武已死。有人暗地裡告訴了漢朝使者事情的真相，並出主意讓他對匈奴說：漢皇在上林苑射下一隻大雁，雁足上繫著蘇武的帛書，證明蘇武確實未死，只是受困。這樣匈奴單于再也無法謊稱蘇武已死，只得把蘇武放回漢朝。

從此，「鴻雁傳書」的故事便流傳下來，而「鴻雁」也就成了信差的美稱。

忍辱寫《史記》的司馬遷

司馬遷是中國史上一個厚重的身影，他忍辱負重、不屈不撓，以頑強的毅力寫下被譽為「史家之絕唱，無韻之離騷」的史學鉅著《史記》。

仗義執言，惹來災禍

蘇武出使匈奴的第二年，漢武帝派李廣利帶兵三萬攻打匈奴。李廣利打了敗仗，幾乎全軍覆沒，隻身逃了回來。

李廣的孫子李陵當時擔任騎都尉，帶著五千名步兵跟匈奴作戰。單于親自率領三萬騎兵將李陵的步兵團團圍住。儘管李陵的箭法非常好，兵士也十分勇敢，但是匈奴兵越來越多，漢軍寡不敵眾，後面又沒援軍，最後只有四百多名漢兵突圍。李陵被匈奴逮到，最後投降了。

李陵投降匈奴的消息震動朝廷，漢武帝囚禁了李陵的母親和妻兒，並且召集大臣，讓他們商議李陵的罪行。

大臣們都譴責李陵不該貪生怕死向匈奴投降。漢武帝又問太史令[063]司馬遷，想聽聽他的意見。

司馬遷說：「李陵帶去的步兵不滿五千，他深入敵人腹地，打擊了幾萬敵人。雖然打了敗仗，可是殺了這麼多敵人，也可以向天下人交代了。李陵不肯馬上就死，一定是另有打算，他一定是想將功贖罪來報答皇上。」

漢武帝聽了，認為司馬遷是為李陵辯護，有意貶低李廣利，勃然大怒說：「你這樣替投降敵人的人強辯，不是存心反對朝廷嗎？」他也囚禁了司馬遷，交給廷尉審問。

司馬遷被定罪，應該受腐刑。司馬遷沒有錢贖罪，只好受了刑，身陷獄中。

司馬遷認為受腐刑是一件奇恥大辱，他幾乎想要自殺。但他想到自己有一件重要的事沒有完成，還不能死，當時他正全力寫一部書，這本書就是中國古代最偉大的歷史著作——《史記》。

忍辱負重，《史記》光照千古

原來，司馬遷家世世代代都擔任史官，他的父親司馬談也是漢朝的太史令。司馬遷十歲的時候，就跟隨父親到了長安，

[063] 太史令：古代負責記載史事、編寫史書，兼管國家典籍、天文曆法、祭祀等的官員。

從小就讀了不少書籍。

為了蒐集史料、開闊眼界，司馬遷從二十歲開始，就遊歷全國各地。他到過浙江會稽，看了傳說中大禹召集部落首領的地方；他到過長沙，在汨羅江邊悼念愛國詩人屈原；他到過曲阜，考察孔子講學的遺址；他到過漢高祖的故鄉，聽取沛縣父老講述劉邦起兵的事情……這種遊覽和考察，使司馬遷積累了大量的知識，又從民間汲取了豐富的養分，為司馬遷的寫作打下了堅實的基礎。

隨後，司馬遷當了漢武帝的侍從官，又跟隨皇帝巡行各地，還奉命到巴、蜀一帶視察。司馬談死後，司馬遷繼承父親的職務，做了太史令，他閱讀和蒐集的史料就更多了。正在他著手寫作的時候，就因為替李陵辯護得罪了漢武帝，下獄受刑。他痛苦地想：這是我的過錯，現在受了刑，身子毀了，沒有用了。

但是他又想：從前周文王被關在羑里[064]，寫了《周易》；孔子周遊列國的路上被困在陳蔡，修訂了《春秋》；屈原遭到放逐，寫了〈離騷〉；左丘明眼睛瞎了，寫了《國語》；孫臏被剜掉膝蓋骨，寫了《孫臏兵法》；還有《詩經》三百篇，大都是古人在心情憂憤時寫下的。這些不朽的作品，都是作者心裡憂愁或者難以施展抱負時寫的。我為什麼不利用這個時候完成作品呢？

---

[064] 羑里：羑，音一ㄡˇ。

於是，司馬遷將從傳說中的黃帝時代開始一直到漢武帝元狩元年，也就是西元前122年為止這段時期的歷史，編寫成一百三十篇、五十二萬字的鉅著《史記》。

司馬遷在《史記》中，詳細記載了古代著名人物的事蹟。他對於農民起義的領袖陳勝、吳廣，給予很高的評價；他對被壓迫的下層百姓，往往非常同情；他還把古代文獻中過於艱深的文句，改寫成比較淺白的文字。《史記》的人物描寫和情節描述，形象鮮明，生動活潑。因此，《史記》既是一部偉大的歷史著作，又是一部傑出的文學著作。

相關連結：紀傳體史書的體例

《史記》是中國史上的第一部紀傳體通史。「紀傳體」是以人物立傳記的方式記敘史實的史書體例。

從體裁的形式上看，紀傳體可分為〈本紀〉、〈世家〉、〈列傳〉、〈書〉、〈表〉。〈本紀〉，基本上是編年體，兼述帝王本人事蹟。〈世家〉，主要是記載諸侯和貴族的歷史。〈列傳〉，是各方面代表人物的傳記。〈書〉，是關於典章制度和有關自然、社會各方面的歷史。〈表〉，有世表、年表、月表、世系表、人士表等，用來梳理錯綜複雜的社會歷史情況和無法一一寫入〈列傳〉的眾多人物。還有史論，包括卷首的序和卷後的評論，是關於歷史人物和歷史事件的評論，或交代所敘內容的由來與宗旨。

「少年天子」漢昭帝

漢武帝是中國史上著名的雄才偉略的君主，他無疑會慎重地選擇繼承人。漢武帝晚年，在眾多皇子之間挑選了一個年僅八歲的男孩為儲君，這個男孩，就是漢武帝最小的兒子 —— 劉弗陵。劉弗陵能否不負眾望？他又有怎樣的表現呢？

幸運而又不幸的「鉤弋[065]夫人」

漢武帝劉徹晚年最寵愛的夫人，被稱為「鉤弋夫人」，是一個身世奇特的女子。

有一年，漢武帝在外地巡狩，路過河間國時，負責觀天相、占吉凶的望氣[066]者對漢武帝說：「此地的雲氣非同尋常，必定有奇女子。」漢武帝立即下詔派人尋找。

果然如望氣者所言，隨行官員找到了一位年輕美麗的趙姓少女。據說此女天生雙手握成拳狀，雖已十幾歲，但依然不能伸展。漢武帝喚此女過來，見其果然雙手緊握。漢武帝伸手將這女子的手輕輕一拉，少女的手便被分開，在手掌心裡還緊緊地握著小玉鉤。隨後，漢武帝命人將此女扶入隨行的車中，將其帶回皇宮，趙姓少女由此得到漢武帝的寵愛。

---

[065] 弋：ㄧˋ。

[066] 望氣：古代方士的一種占候術，觀測雲氣以測吉凶。

後來，趙氏被封為婕妤，居住在甘泉宮中。因為見到漢武帝時手握玉鉤，她的宮殿被命名為「鉤弋宮」，所以她也被稱為「鉤弋夫人」。西元前九四年，趙氏為漢武帝生下一子，取名為劉弗陵，號稱「鉤弋子」。據說劉弗陵和上古的堯帝一樣，是懷胎十四月才生的。

漢武帝去世前，最關鍵的繼承人問題始終困擾著他。劉弗陵是漢武帝最年幼的兒子，漢武帝認為年僅五六歲的劉弗陵身體健壯，而且聰敏果斷，很像少時的自己，所以特別疼愛劉弗陵。漢武帝有心立劉弗陵為太子，但因其年幼母少，怕他的母親垂簾禍害國家，所以猶豫不決。

漢武帝住在甘泉宮時，命內廷畫工描繪了一幅周公抱著年幼的姪兒周成王接受諸侯朝拜的圖畫，並賜給奉車都尉霍光，於是左右群臣都知道漢武帝想立小兒子劉弗陵為太子。數日之後，漢武帝無故斥責鉤弋夫人趙氏，趙氏摘下髮簪、耳環，叩頭請罪。漢武帝命人將趙氏拉走，關進監獄中。趙氏流著淚回頭看著漢武帝，不久便死於雲陽宮。當時暴風颳起滿天塵土，老百姓都感嘆這個無辜死去的女子。

趙氏死後，漢武帝詢問身邊的人對趙氏之死有什麼看法。左右回答說：「人們都不明白，既然要立劉弗陵為太子，為什麼要除去他的母親？」漢武帝說：「這不是一般愚人能懂的。從古至今，國家內亂的原因就是因為人主年小而母親年壯。太后即使獨斷驕橫，淫蕩放肆，也無人能阻止。你們沒聽說過呂后亂政的事嗎？」

西元前八七年春天，漢武帝在彌留之際立劉弗陵為太子，任命奉車都尉霍光為大司馬、大將軍，輔佐劉弗陵。四天後，漢武帝去世，年僅八歲的劉弗陵即位，就是漢昭帝。

明辨是非，剷除奸黨

劉弗陵登基時才八歲，卻聰明伶俐，十分果斷。霍光作為輔政大臣主持朝政，幫助漢昭帝繼續延續休養生息的政策，減輕稅收，減少勞役，將國家大事管理得井井有條。

但是，朝廷中有幾個大臣卻將霍光看作眼中釘，非要除去他不可。

左將軍上官桀想把六歲的孫女嫁給漢昭帝做皇后，霍光不同意。後來，上官桀靠漢昭帝的姊姊鄂邑長公主的幫助，讓孫女當上了皇后。上官桀和他的兒子上官安想封鄂邑長公主身邊的一個人為侯，霍光也不同意。

上官桀父子和鄂邑長公主都將霍光看作眼中釘，他們勾結燕王劉旦，想方設法陷害霍光。

漢昭帝十四歲那年，霍光檢閱羽林軍，還把一名校尉調到他的大將軍府裡。上官桀一行人就趁機假造了一封燕王的奏章，派一個心腹冒充燕王的使者送給漢昭帝。那封信上大意說：

大將軍霍光檢閱羽林軍的時候，坐的車馬跟皇上坐的一樣。他還自作主張，呼叫校尉。這個人一定圖謀不軌，我願意離開自己的封地，回到京城保衛皇上，免得惡人犯上作亂。

漢昭帝接到奏章，看了看後，把它放在一邊。第二天，霍光準備進宮朝見，聽到燕王劉旦上書告發他的消息，嚇得不敢進宮。漢昭帝吩咐內侍召霍光進來，霍光一進去就脫下帽子，伏在地上請罪。

漢昭帝說：「大將軍儘管戴好帽子，我知道有人存心害你。」霍光磕了個頭說：「陛下是怎麼知道的？」漢昭帝說：「這不是很清楚嗎？大將軍檢閱羽林軍是在長安附近，呼叫校尉還是最近的事，一共不到十天。燕王遠在北方，怎麼能知道這些事？就算知道了，馬上寫奏章送來，也來不及趕來。再說，大將軍如果真的要叛亂，也用不著靠調一個校尉。這明明是有人想陷害大將軍，燕王的奏章是假的。」

霍光和其他大臣聽了，都很欽佩少年漢昭帝的聰明。

漢昭帝又臉一沉，對大臣們說：「你們得查問那個送假奏章的人。」上官桀怕漢昭帝嚴加追查，他們的陰謀露餡，就對漢昭帝說：「這種小事，陛下就不必追究了。」從此，漢昭帝就開始懷疑上官桀。

上官桀等並沒有就此罷休，他們偷偷商量好，由鄂邑長公主出面請霍光喝酒。他們布置好埋伏，準備在霍光赴宴的時候刺死霍光，又派人通知燕王劉旦，叫他來京師。

上官桀還打算在殺了霍光後廢去漢昭帝，自己來做皇帝。沒想到有人早就洩露了這個祕密，讓霍光知道了。霍光立刻報告漢昭帝，漢昭帝命令丞相田千秋火速發兵，處死了上官桀一夥烏合之眾。

相關連結：皇帝的禁軍 —— 羽林軍

羽林軍是漢朝時期的宮廷禁軍，初名「建章營騎」，以警衛建章宮得名，後改為「羽林」，取其「為國羽翼，如林之盛」之義。

宮廷禁軍除了羽林軍，還有期門軍，期門軍掌管執兵宿衛，因皇帝微行，以之「期諸殿門」，所以有這個稱呼。漢平帝時更名為「虎賁」，「若虎賁獸」，言其勇猛、戰鬥力強。

計斬樓蘭王

樓蘭是河西走廊上的古國，是「西域三十六國」之一。這些小國與漢政權的關係時好時壞，其中有一些國家受匈奴的牽制，對抗漢王朝。所以，處理好與西域諸國的關係，成為漢王朝外交重要的一環。漢昭帝時期，一個英勇果敢的英雄出現，他憑藉自己的勇敢和智慧，留下了「不破樓蘭終不還」的傳奇。

時勢出英雄

漢昭帝登基初期，西域的形勢異常混亂。匈奴在重整旗鼓後又捲土重來，不斷擴張自己的勢力。龜茲[067]、樓蘭等西域小國，紛紛倒向匈奴一方，經常在古驛道上劫殺漢朝的使節和過往商人。特別是樓蘭，由於地處咽喉之地，其劫掠行為最為嚴重。西元前 92 年，樓蘭王去世，匈奴急忙送侍子安歸回樓蘭繼承王位。安歸長期在匈奴生活，加之匈奴扶植其繼位，因而更傾向於匈奴，而與漢朝為敵。他先後攻殺漢朝派往西域的多批使者，又殺害了大宛、安息等國派往漢朝的使者，使漢朝與西域的交往因此斷絕。

這種情況使西漢朝廷很苦惱。西元前 78 年，傅介子上書朝廷，自願出使大宛。漢昭帝和霍光令他途中經過樓蘭和龜茲時，責備兩國國王背叛漢朝、殺害漢朝官員和使者的行徑。

斬殺匈奴使者

傅介子是北地人，因為參軍而被提升做官。

傅介子到了樓蘭，責備樓蘭王慫恿匈奴截殺漢朝使者，說：「軍隊就要來了，您如果沒有慫恿匈奴的話，匈奴使者經過這裡到各國時，為什麼不報告呢？」樓蘭王服罪，說：「匈奴使者剛

[067]　龜茲：ㄑㄧㄡ ㄘˊ。

剛過去，應該是到烏孫，途經龜茲。」傅介子到了龜茲，又責備龜茲王，龜茲王也服罪。傅介子從大宛回到龜茲，龜茲人說：「匈奴使者從烏孫回來，就在這裡。」傅介子率領漢軍斬殺了匈奴使者。

傅介子回到京城上奏，漢昭帝下詔任命他為中郎，升為平樂監。

傅介子對大將軍霍光說：「樓蘭、龜茲多次倒戈卻沒有受到任何譴責，不足以警戒他國。我經過龜茲時，他們的國王很靠近我，很容易得手，我願前去刺殺他，以此樹立威信，警示各國。」霍光說：「龜茲國路遠，暫且去樓蘭試驗此法。」於是就上奏漢昭帝派遣傅介子前去。

計斬樓蘭王

傅介子與部下到了樓蘭，樓蘭王表現出不親近漢朝的態度。傅介子一行假裝離去，但心裡卻在謀劃對策。到了樓蘭的西界，傅介子對送行的樓蘭大臣說：「我們漢朝的使者帶著黃金、錦繡準備賜予各個國家，你們的國王既然不願意接受，我們就去其他國了。」傅介子的隨行人員心領神會，隨即展示了準備好的大量金幣。

樓蘭國的大臣返回後，將所看到的情況向樓蘭王報告，樓蘭王貪圖漢朝使者所帶的財物，於是來見漢朝使者。傅介子與樓蘭王對飲，又一次將金幣等物展示給樓蘭王。等到雙方都有些醉意時，傅介子對樓蘭王說：「我們的天子讓我私下向大王報告一些重要事項。」樓蘭王起身跟隨傅介子一起進入帳中，傅介子裝作對樓蘭王耳語，隨即讓他事先安排好的兩名壯士從身後拔刀刺死了樓蘭王。

看到這一情景，樓蘭王的左右四下逃散。傅介子對他們說：「你們的國王有負漢朝，是有罪之人，我們的天子派我們誅殺他，現在應當立漢朝的侍子、安歸之弟尉屠耆[068]為王。我們漢朝的大軍馬上就要到了，你們誰也不准擅動，如果擅動，我們就滅了樓蘭！」樓蘭上下都被傅介子的威嚴震懾。於是，傅介子立漢朝的侍子、安歸之弟尉屠耆為王，安撫樓蘭居民，並改樓蘭國名為「鄯善」[069]。

傅介子行刺樓蘭王後，新的樓蘭王尉屠耆清醒地意識到自己的處境：以前數代樓蘭王都是因為身處漢朝、匈奴兩強之間無法平衡，從而身遭橫死。他覺得擺脫厄運的方法就是忠心一國，完全依附於強大的漢朝。於是他請求漢昭帝派兵到樓蘭駐紮，漢昭帝應允，於西元前 77 年，派司馬一人，率吏士四十名，前往伊循屯田，並藉此鎮撫樓蘭，後來漢朝又在此設定都尉。自此，伊循城成為漢朝控制西域的重要據點，同時也成為絲綢之路的重要中繼站。

---

[068]　耆：ㄑㄧˊ。

[069]　鄯善：ㄕㄢˋ ㄕㄢˋ。

傅介子的傳奇經歷為後人讚賞，他是出使西域的漢朝使者，是古絲綢之路的維護者和見證者。

相關連結：西域三十六國

西元前138年，張騫奉命出使西域。當時的西域一共有三十六個國家：婼羌、樓蘭、且末、小宛、精絕、戎盧、扜彌、渠勒、于闐、皮山、烏秅、西夜、子合、蒲犁、依耐、無雷、難兜、大宛、桃槐、休循、捐毒、莎車、疏勒、尉頭、姑墨、溫宿、龜茲、尉犁、危須、焉耆、姑師、墨山、劫、狐胡、渠犁、烏壘。

故劍情深

在中國史上，有這樣一道皇帝親手寫下的詔書，它含蓄委婉，耐人尋味，背後的故事更是令人浮想聯翩，這就是漢宣帝「尋找故劍」的詔書。這道詔書被稱為「史上最浪漫的詔書」，因為它見證了漢宣帝對於自己結髮妻子許平君的真摯感情，在歷史上留下了一段千古佳話。

監獄裡的幼小皇孫

歷史上有這樣一位皇帝，他剛出生就遭遇了一場腥風血雨。除了那個手戮自己兒孫的曾祖父，他所有親人都在一場莫名其妙、可笑至極的慘禍中死去。這個皇帝就是中國歷史上的

一代明君 —— 漢宣帝劉詢。

漢武帝晚年猜忌心重，殘忍好殺，長安城裡人人自危。西元前九一年，「巫蠱之禍」爆發，太子劉據被漢武帝身邊的寵臣江充陷害，被汙衊曾用巫術詛咒父親漢武帝。劉據想向漢武帝辯明自己的冤屈，江充卻百般阻撓。劉據被逼無奈，殺死江充，憤而起兵，後來被漢武帝派兵鎮壓，皇后衛子夫和太子劉據相繼自殺。劉據的妻妾和三子一女都被殺死，唯獨襁褓中的孫子劉病已逃過一劫，被養在郡邸獄中。

看著這個剛剛出生就遭遇慘禍的嬰兒，忠厚善良的廷尉監丙吉十分同情，他挑了兩個勤勞細心的女囚照顧這個可憐的孩子。

西元前 89 年，漢武帝生病，負責觀天象、占卜吉凶的望氣者進言說：「長安獄中有天子氣。」漢武帝覺得不祥，便命令使者前往京師的各個官府監獄，不問罪行輕重，殺掉所有獄中囚犯，幼小的皇曾孫劉病已又一次大難臨頭。

萬幸的是，廷尉監丙吉是一個仁愛無私的人，他挺身而出守住獄門，不讓使者進入，劉病已才得以保全性命。後來漢武帝明白了自己的錯誤，也知道太子劉據的冤屈，為劉據平反。在監獄中度過童年的劉病已終於走出了牢房，被丙吉送到他的外祖母家裡撫養。

漢武帝後來下詔，將劉病已收養於掖庭，上報宗正並列入宗室屬籍中，直到此時，皇曾孫劉病已的宗室地位才被承認。

掖庭令張賀原本是太子劉據的部下，他感念劉據的恩情，對劉病已體貼入微，還自己出錢供劉病已讀書。在劉病已長大後，張賀讓他迎娶掖庭暴室屬官許廣漢的女兒許平君為妻。

許平君是一個勤勞賢惠的女子，在劉病已最艱難的日子裡，她不但沒有嫌棄丈夫，反而與他相依為命，用自己的柔情讓這位落魄的皇子感受到家庭的溫暖和愛的力量。

史上最浪漫的詔書：尋找故劍

劉病已與許平君成婚後，夫妻恩愛，第二年就生下了一個兒子，名叫劉奭[070]。原本兩人是要在民間做一對平凡夫妻，但不久他們的命運就有了巨大的變化。

西元前 74 年，年僅二十一歲的漢昭帝劉弗陵去世，誰來繼承皇位成為朝野矚目的重要問題。以大將軍霍光為首的朝臣在漢武帝的子孫中選了幾個人都不太理想，擔任長史的丙吉向霍光推薦說：「武帝的曾孫劉病已精通典籍，很有才能，做事穩重又有禮節。」霍光考察後，發現果然如此。霍光隨後就率群臣迎接劉病已登上皇位，就是後來的漢宣帝。即位時，他才十八歲。漢宣帝原名叫「劉病已」，因為皇帝的名字需要避諱，漢宣帝認為「病」、「已」兩字太常用，臣民避諱不易，所以改名叫「劉詢」。

[070]　奭：ㄕˋ。

劉詢被擁立為帝後，他在民間時娶的妻子許平君被封為婕妤。當時霍光掌握朝政，位高權重，有一個女兒名叫霍成君，正當婚嫁之齡。朝臣們都認為漢宣帝應該冊封霍成君為皇后，連太皇太后也如此主張。

但劉詢沒有忘記與自己患難與共的許平君，他下了一道耐人尋味的詔書，詔書中說：「我在貧微之時曾有一把舊劍，現在我非常懷念它，眾位愛卿能否幫我找回來？」朝臣們善於揣摩皇帝的心事，很快便品出了這道聖旨的真實意味：連貧微時用過的一把舊劍都念念不忘，自然也不會將自己相濡以沫的妻子拋捨不顧。於是他們聯合奏請立許平君為皇后。

但霍光的妻子霍顯是一個野心膨脹又肆無忌憚的女人，一心想讓女兒霍成君做皇后。西元前 71 年，皇后許平君再度懷孕，生下一個女兒。霍顯偷偷命御用女醫淳于衍在滋補湯藥中加入了一味藥材附子，讓許平君在坐月子時服用。許平君服用後不久就毒發身亡。漢宣帝非常悲痛，追封她為「恭哀皇后」，葬於杜陵南園。

蕩平霍氏家族，為妻報仇雪恨

霍成君如願以償當上了皇后。她飛揚跋扈，揮金如土，與許皇后提倡的節儉、賢德完全相違。劉詢裝作對她千依百順，而霍成君也沒有為劉詢生下子嗣。

西元前 68 年，權傾朝野的大將軍霍光去世，劉詢為他舉行了隆重的葬禮。之後，劉詢開始親理朝政，逐漸將權力收回自己手中。西元前 67 年，漢宣帝再封許平君的父親許廣漢為平恩侯，冊封與許平君在民間所生的兒子劉奭為太子，就是後來的漢元帝。霍顯非常惱怒，授意霍成君伺機毒殺劉奭。但因為太子的老師常常先試菜驗毒，所以幾次下手均未成功。

西元前 66 年七月，惶惶不可終日的霍家發動政變未遂，招致族滅，霍光的兒子霍禹、霍雲，姪子霍山，妻子霍顯都被殺或自殺。同年八月，漢宣帝以陰謀毒害太子為由廢掉霍成君，令其遷往上林苑的昭臺宮。十二年後，也就是西元前 54 年，再度令其遷往雲林館，霍成君自殺。

至此，劉詢終於為髮妻許平君報仇雪恨。

後來，漢宣帝勤儉治國，體察民間疾苦，雷厲風行地整頓吏治，大漢王朝迎來了著名的「宣帝中興」。

相關連結：杜陵和少陵

杜陵位於現在的陝西省西安市三兆村南，陵區南北長約四公里，東西寬約三公里，是漢宣帝劉詢的陵墓。而漢宣帝的皇后許平君的陵墓靠近杜陵，因規模比宣帝的杜陵小，故名「少陵」。

漢代以來，杜陵一直是長安的遊覽勝地，文人、學士們常會集於此，登高覽勝，並留下許多詩篇。唐代大詩人杜甫曾居住在少陵附近，故自稱「少陵野老」，世稱「杜少陵」。

王昭君出塞

「中國四大美人」的故事婦孺皆知，「沉魚落雁，閉月羞花」的傳說令人神往。這其中，有「落雁」之稱的王昭君，留下了「昭君出塞」的美麗故事。「一去紫臺連朔漠，獨留青塚向黃昏」，王昭君的傳奇，成為歷代文人墨客歌詠的一大題材。這個國色天姿的絕代佳人，究竟有著怎樣的人生經歷呢？

呼韓邪單于請求和親

漢朝剛剛建立的時候，無力對抗北方草原上強大的匈奴。白登山一戰，漢高祖劉邦差一點就成為俘虜，僥倖回來後，只好將宗室的女子嫁給匈奴單于，開始和親。

漢武帝時，隨著國力的強盛，漢朝改變了長期以來對匈奴隱忍退讓的政策，開始大規模反擊。經過三次大戰，漢軍擊敗匈奴，控制了河套和河西走廊[071]，勢力伸入西域。

到漢宣帝時，又聯合西域的烏孫，對匈奴東西夾擊。匈奴大敗遠遁，又遇上了雪災，人民、牲畜損失大半。許多屬國見匈奴衰落，紛紛獨立，脫離其控制。外部的打擊加劇了匈奴內部的矛盾，出現了五單于並立、互相攻殺的混亂局面。

---

[071] 河西走廊：甘肅西北部祁連山以北、合黎山和龍首山以南、烏鞘嶺以北的狹長地帶，東西長約一千公里，南北寬約一百多公里，因在黃河之西而得名。

經過一番角逐，剩下兩個單于，他們是兩兄弟。哥哥號「郅支[072]單于」，弟弟號「呼韓邪[073]單于」。郅支擊敗了呼韓邪，匈奴分裂為南北兩部。

經過長期慘烈的戰爭和自然災害，南匈奴呼韓邪單于此時只剩下數萬部眾，衰弱不堪，於是在西元前 52 年向漢朝稱臣歸附。這是漢匈關係大轉折的代表事件，漢宣帝君臣欣喜若狂，善待呼韓邪及其部眾。北匈奴郅支單于卻因為殺害了漢朝使者谷吉，害怕報復，向西遷徙，與康居結盟，最終於西元前 36 年被漢軍甘延壽、陳湯殲滅。

北匈奴被消滅後，只剩下南匈奴了。呼韓邪單于又喜又懼，於西元前 33 年第三次來到長安，說願意做漢朝的女婿，請求和親。漢元帝就賜他宮女五人，其中一人就是名垂青史的奇女子王昭君。

深宮之中走出的王昭君

王昭君的家鄉位於長江三峽一個名叫秭歸的地方。這裡江水湍急，群山壁立，也是戰國時期著名詩人屈原的故鄉。

在王昭君十幾歲的時候，漢元帝徵集天下美女到後宮，姿容秀麗的王昭君正當妙齡，也就被選入宮中，從家鄉來到了遙

[072] 郅支：ㄓˋ ㄓ。
[073] 呼韓邪：邪，音ㄧㄝˊ。

遠的長安城。

從全國各地挑選入宮的美女數以千計，皇帝無法一一見面，就由畫工為她們各畫一幅肖像給皇帝挑選。為了求得皇帝的召見，宮女們千方百計地賄賂畫師，想讓畫師把自己畫得美一點，以取悅皇帝。王昭君雖然眉目如畫，國色天姿，但她不屑於欺瞞天子，沒有賄賂畫師。畫師懷恨在心，不但把她畫得十分平庸，更是在她的面頰上點了一顆碩大的黑痣。漢元帝自然不會想召見這個「俗陋不堪」的女子，五年過去了，容顏絕世的王昭君身處寂寞後宮，仍是個待詔的宮女。

命運的轉機出現了，匈奴的呼韓邪單于到漢朝求親，漢元帝要賜給他五個宮女。宮中的女子雖然渴望出人頭地，但一聽說要遠嫁到風沙遍地、荒涼酷寒、食腥羶、著氈裘的匈奴，個個都避之唯恐不及。不願在後宮消磨青春年華的王昭君卻挺身而出，主動要求前去和親。

送行那天，漢元帝才第一次見到王昭君。只見她禮服高雅，妝飾明麗，款步走來，儀態萬方，光彩照人。她雖然低著頭，但那絕代的風華已經讓周圍人人吃一驚，漢元帝更是看得呆了，他從來都不知道後宮竟然還有這樣一位美若天仙的絕代佳人。他很想留下王昭君，但在朝堂之上又不能失信於人，只好忍痛讓王昭君踏上和親之路。後來，怒氣沖天的漢元帝處死了索賄的畫師。

締造漢匈和平的使者

在一個秋高氣爽的日子裡，王昭君隨著呼韓邪單于，告別故國，登程北漠。車隊別長安，出潼關，渡黃河，過雁門，歷時一年多，於第二年初夏到達漠北。一路黃沙滾滾，馬嘶雁鳴，悲切之感使她心緒難平。她拿起琵琶，奏了一首〈出塞〉，表達自己遠離故土的傷痛。據說，南飛的大雁聽到這悽婉悅耳的琴聲，望著馬背上的美麗女子，竟然忘記揮動翅膀，紛紛跌落。王昭君由此得來「落雁」的美名。

王昭君嫁給呼韓邪單于，號為「寧胡閼氏」，備受呼韓邪單于憐愛。她生了一個兒子，名叫伊屠智牙師。可惜好景不長，不到三年，呼韓邪單于就死了。他的長子雕陶莫皋繼任，為復株絫若鞮[074] 單于。按照匈奴風俗，除了新單于的生母，老單于的所有妻妾都要成為新單于的妻子，這是漢族女子無法接受的風俗。王昭君上疏給當時漢朝皇帝漢成帝，請求回歸漢朝。漢成帝回信，命令王昭君入鄉隨俗。王昭君無奈之下，只得成為復株絫若鞮單于的妻子。好在年輕的單于和他父親一樣喜歡王昭君，他們又生了兩個女兒：須卜居次、當於居次。居次，就是公主的意思。

[074] 鞮：ㄉㄧ。

昭君出塞後，漢匈兩族團結和睦，國泰民安，「邊城晏閉，牛馬布野，三世無犬吠之警，黎庶忘干戈[075]之役」，展現出欣欣向榮的和平景象。王昭君多次勸說單于應明廷綱、修明法度、

[075] 干戈：盾牌和戈，泛指武器，多借指戰爭。

多行善政、舉賢授能、獎勵功臣、以得民心，取漢室之優，補匈奴之短。同時，在春日之際，管理草原、植樹栽花、育桑種麻、繁殖六畜，並向匈奴女子傳授挑花繡朵的技巧，講解紡紗織布的工藝。王昭君毫無保留地細心施教，在忙碌與誠懇之中，受到匈奴人民的愛戴。

王昭君死後，葬於今內蒙古呼和浩特市南郊，墳墓依大青山，傍黃河水，墓地至今尚在，入秋之後，塞外草色枯黃，只有王昭君的墓上草色青蔥一片，故稱為「青塚」。

相關連結：西漢時期的和親政策

西漢初期，「和親」是為緩和當時漢朝和匈奴的關係，將宗室女嫁給匈奴單于的做法。西漢剛剛建立的時候，匈奴勢力強大，讓劉邦非常憂慮。「白登之圍」後，謀士婁敬提出了「和親」的主張，認為把宗室女嫁給單于，這樣匈奴的子孫後代都成了漢朝的血親，將會親近、臣服漢朝。「昭君出塞」就是和親政策最著名的事例。此外還有細君公主、解憂公主遠嫁烏孫的故事。

東漢：砥礪中興

王莽的改制

「周公恐懼流言日，王莽謙恭未篡時」，這是唐朝知名詩人白居易的一句詩。這句詩告訴人們，不要輕易論斷一個人，而要長期觀察。篡奪漢朝政權的王莽，一開始不也是謙虛恭謹、禮賢下士嗎？王莽是中國史上一個矛盾重重的人物，他在西漢末年的種種表現為史書留下了許多值得深思的問號。

王莽的「謙恭」

漢成帝是個荒淫的皇帝，即位以後，朝廷的大權逐漸落在外戚手裡。漢成帝的母親王政君有八個兄弟，除了一個早死之外，其他七個都封侯，其中年齡最長的王鳳還被封為大司馬。王鳳掌了大權後，他的幾個兄弟、姪兒都十分驕橫奢侈，只有一個姪兒王莽，因為父親死得早，沒有那種驕奢的習氣。王莽像平常的讀書人一樣，做事謹慎小心，生活節儉，人們都說王家子弟中只有王莽最上進。

王鳳死後，他的兩個兄弟前後接替他做了大司馬，後來又讓王莽做了大司馬。王莽很重視招攬人才，有些讀書人仰慕他的名氣來投奔，他都收留了。

漢成帝死後，十年內接連換了兩個皇帝 —— 哀帝和平帝。漢平帝即位的時候剛剛九歲，國家大事都由大司馬王莽做主。有些吹捧王莽的人說王莽是安定漢朝的大功臣，請太皇太后王政君封王莽為安漢公。王莽說什麼也不肯接受封號和封地，但後來經大臣們一再勸說，他只接受了封號，把封地退了。

西元 2 年，中原發生旱災和蝗災。由於多年來貴族、豪強 [076] 不斷兼併土地，剝削農民，災荒時老百姓根本活不下去，開始民怨四起。為了緩和老百姓對朝廷的憤恨，王莽建議公家節約糧食和布帛，他自己先拿出一百萬錢、三十頃地，作為救濟災民的費用。他這樣一帶頭，貴族和大臣們也只好拿出一些土地和錢。太皇太后還把新野的二萬多頃土地賞給王莽，王莽又拒絕了。

西漢王朝的謝幕

王莽派了八名心腹分頭到各地觀察風土人情，他們到處宣揚王莽不肯接受新野封地的事，說王莽怎麼虛心、怎麼謙讓。當時中小地主都恨透了兼併土地的豪強，一聽王莽連封給他的

[076]　豪強：指依仗權勢欺壓人民的人。

土地都不要，就覺得他很了不起。王莽越是不肯受封，越是有人要求太皇太后封賞他。據說，朝廷大臣和地方官吏、平民上疏請求加封王莽的人共有四十八萬多人。有人還收集了各式各樣歌頌王莽的文字，一共有三萬多字，王莽的威望越來越高。

別人越是吹捧王莽，漢平帝就越覺得王莽可怕、可恨。因為王莽不准漢平帝將母后留在身邊，還把他舅舅家的人都殺光了。漢平帝漸漸長大，背地裡也開始有一些抱怨。

有一天，大臣們為漢平帝上壽。王莽親自獻上一杯毒酒，漢平帝沒有任何懷疑，接過來就喝了。第二天，宮裡傳出說漢平帝得了重病，沒幾天就駕崩了，王莽還假惺惺地哭了一場。漢平帝死時才十四歲，沒有兒子。王莽就從劉家宗室裡找了一個兩歲的孩子立為皇太子，叫孺子嬰，王莽便自稱「假皇帝」。

有些文武官員想做開國功臣，就極力勸王莽即位做皇帝，王莽也漸漸覺得做代理皇帝不如真皇帝好。於是，有一批吹捧的人紛紛製造出許多迷信的東西來行騙。一直以推讓聞名的王莽這次不再推讓了，他還向太皇太后討要漢朝皇帝的玉璽。王政君這才大吃一驚，但被逼得沒辦法，只好氣憤地把玉璽摔在地上。

西元八年，王莽正式即位稱帝，改國號為新，都城仍在長安。從漢高祖稱帝開始的西漢王朝，統治了兩百一十年，到這時就結束了。

荒唐的改制

王莽做了皇帝後，打著復古改制的旗號下令變法。第一，把全國土地改為「王田」，不准買賣；第二，把奴婢稱為「私屬」，不准買賣；第三，評定物價，改革幣制。

這些改革聽起來都是好事，可是沒有一件做得好。土地改制和奴婢私屬，在貴族、豪強的反對下，一開始就無法落實；評定物價的權力掌握在貴族官僚手裡，他們正好利用職權投機、貪汙勒索，反倒加深了人民的痛苦；幣制改了好幾次，錢越改越小，價格越來越高，無形之中又搜刮了老百姓的血汗錢。

這種復古改制，不僅農民反對，許多中小地主也不支持。三年之後，王莽又下命令，王田、奴婢可以被買賣。王莽還想藉對外戰爭來緩和國內矛盾，引發了匈奴、西域、西南各部族的反對。王莽又徵用民夫，加重捐稅，縱容殘酷的官吏加重百姓的刑罰。就這樣，逼得農民不得不群起反抗。

相關連結：秦朝的「半兩錢」和漢朝的「五銖錢」

秦朝推行的是「半兩錢」，形制為圓形方孔，重十二銖。中國古代規定一兩為二十四銖，有錢文曰「半兩」。

秦朝滅亡後，西漢初期仍使用秦制半兩錢。早期，由於允許民間私鑄，錢制較亂，乃至人們把半兩錢剪掉一圈，湊起來的材料再鑄新幣，甚至出現重僅一克的莢錢，導致貨幣失衡，使當時的經濟混亂。呂后發現問題後，積極主張幣制改革，並親自參與了錢幣的設計，發行「三銖錢」。到了漢武帝時期，定五銖為計重單位，漢朝的「五銖錢」從此誕生。

王莽篡漢後，改國號為新朝。他禁五銖，行新錢，先後規定的貨幣有三十餘種，其形式模仿周制，等級龐雜，使用不便，不足額的大額貨幣氾濫，苛法強制推行，導致經濟的極大混亂，不久即告失敗。

昆陽大戰

昆陽大戰是中國史上著名的以少勝多的戰爭，後世的很多評書、戲曲對此都有精采演繹。劉秀以不足萬人的兵力，力戰王莽的四十萬大軍，最終一舉反敗為勝，奠定了滅亡新莽政權的基礎。這場戰爭還有很多奇幻色彩：巨人、野獸、突圍、雷電、暴雨……引人入勝。

戰場上的巨人和猛獸

更始帝劉玄即位後，派王鳳、王常、劉秀進攻昆陽。他們很快就打下昆陽，接著又打下了臨近的郾城和定陵。

王莽聽說起義軍立劉玄為帝，坐立難安，如今連失了幾座城池，更是心急。他連忙派大將王尋、王邑率領兵馬四十餘萬人，從洛陽出發，直奔昆陽。

為了虛張聲勢，王莽軍不知從哪裡找到一名巨人，名叫巨無霸。巨無霸很高，身子像牛一樣粗壯。他還有一項特殊本領，就是能夠馴養老虎、豹、犀牛、大象等。王莽任命他為校尉，讓他帶著一群猛獸上陣助威。

駐守在昆陽的漢軍只有八、九千人，有的將領在昆陽城上望見王莽的軍隊人馬眾多，怕難以招架，就主張放棄昆陽，回到原來的據點。

劉秀對大家說：「現在我們的兵馬和糧草都不足，只能靠大家同心協力打擊敵人。如果大家撤退、昆陽失守，漢軍各部也會馬上被消滅，那就真的完蛋了。」

大家覺得劉秀說的有道理，但是又覺得王莽軍兵力強大，死守昆陽也不是辦法。商量到最後，就決定由王鳳、王常留守昆陽，派劉秀帶一支人馬突圍，到定陵和郾城調救兵。

當天晚上，王莽軍沒有防備，劉秀便帶著十二個勇士，騎著快馬，趁黑夜殺出了昆陽城南門。

暴風雨中的血戰

昆陽城雖然不大，但是很堅固。王莽軍仗著人多、武器精良，認為攻下昆陽很容易。他們打造了一輛輛高達十幾丈的樓車，在樓車上不斷向城裡射箭。但是昆陽城裡的漢軍防守得也很嚴密，城門始終沒被王莽軍攻破。

劉秀到了定陵後，想把定陵和郾城的人馬全部調到昆陽。但是有些漢軍將領貪圖財產，不願意離開這兩座城。劉秀勸他們說：「現在我們去昆陽的話，就能把所有人馬集中起來，打敗敵人就可以成大事、立大功。要是死守在這裡，我們打敗仗的話，連性命都保不住，還談得上獲得什麼財物嗎？」

將領們被劉秀說服了，帶著所有人馬跟著劉秀去昆陽。

劉秀親自帶著一支由一千多步兵、騎兵組成的先鋒部隊趕到昆陽，他們在離王莽軍四五里的地方擺開陣勢。王尋、王邑見漢軍人少，只派出了幾千兵士。劉秀趁敵軍還沒有擺好陣腳，先發制人，親自指揮先鋒部隊衝殺。

漢軍前來支援的大隊人馬趕到，見劉秀的先鋒部隊異常神勇，也鼓起勇氣，隨即幾路人馬一起趕殺，王尋、王邑被迫撤退。漢兵乘勝猛擊，越戰越勇。

劉秀帶著三千名敢死士兵，向王莽軍的中堅部隊殺去。王尋並不放在眼裡，親自帶著一萬人馬跟劉秀交戰。但是這一萬人卻打不過劉秀的敢死隊，王尋的軍隊開始亂了起來。漢兵最後了結了王尋的性命。

昆陽城裡的漢軍大將王鳳、王常，見外面的援軍打了勝仗，就開啟城門衝了出去，兩面夾攻，喊殺聲震天動地。王莽軍一聽主將被殺，全都慌了，抱頭鼠竄，自相踐踏。

這時候，天色突然暗了下來，響起了一聲驚雷，接著狂風呼嘯，大雨傾盆。巨無霸帶來的助威猛獸也嚇得發抖，不但不往前衝，反而開始亂竄。漢軍不斷衝鋒追殺，王莽軍就像決堤的洪水一樣往滍水[077]逃奔，成千上萬的兵士在水裡淹死，連滍

---

[077] 滍水：滍，音ㄓˋ。滍水，地名，在今河南省東南部。

水都塞住了。

當王莽軍大將王邑逃回洛陽時，原來的四十多萬大軍只剩下幾千人。而漢軍則開始清點戰場上王莽軍拋棄的兵器、軍車、糧草。

王莽的末日

昆陽大戰消滅了王莽主力的消息，鼓舞了各地人民，百姓們紛紛響應漢軍。有不少人殺了當地的官員，自稱將軍，等待漢軍的命令。

更始帝派大將申屠建、李松率領漢軍乘勝進攻長安。王莽驚慌失措，把關在監獄裡的囚犯都放出來，湊成一支軍隊，抵抗漢軍。但是這樣的軍隊怎麼肯替王莽打仗？囚犯剛放出來，就陸續逃散了。

不久，漢軍攻進長安城，放火燒掉了未央宮的大門。大家高聲吼叫，要王莽出來投降。王莽走投無路，帶了少數將士逃進了宮裡的漸臺[078]。

漢軍把漸臺層層包圍，等漸台上的兵士把箭都射完了，漢兵們便衝上台，殺了王莽。王莽新朝建立後十五年，終於土崩瓦解。

---

[078] 漸臺：位於長安皇城太液池中的一座臺閣，高二十餘丈，臺址在水中，故名。

相關連結：對王莽的評價

王莽是一個歷史上備受爭議的人物，古代史學家以「正統」的觀念，認為他是篡位的「巨奸」。但近代帝制結束後，王莽被很多史學家譽為「中國歷史上第一位社會改革家」，認為他是一位有遠見而無私的社會改革者。

王莽改制的失敗，固然有其歷史的必然性。他性情狂躁、輕於改作，一味慕古、不切實際，剛愎自用、所用非人，這些性格特徵都使他在改制中既不能根據實際情況調整政策，又不能建立一個高效率、有威信的推行新政的權力核心，因此改革注定失敗。

牛背上的開國皇帝

人們常說「秀才造反，十年不成」，但是中國史上有一個例外，那就是開創東漢王朝的光武帝劉秀。他原本在家讀書，安分守己，一旦起兵，倒海翻江，轟轟烈烈，建立了一個新的工朝。

起兵反抗，騎牛作戰

漢光武帝劉秀被稱為「牛背上的開國皇帝」。他雖是皇族，卻只是空有貴族頭銜，實則屬於遠支旁庶，早已形同庶民。

劉秀的這一支族人代代生活在南陽，看到王莽統治後期天下大亂，各地農民揭竿起義，劉秀的哥哥劉縯和南陽的諸多子弟也都躍躍欲試。為了一圖霸業，劉縯不惜散盡家財，到處結交豪傑、招兵買馬。劉秀卻一直審時度勢、靜觀其變，並勸說哥哥等待時機。

可是急躁的劉縯不為所動，毅然在故鄉南陽郡的春陵[079]起兵，所以歷史上稱劉氏兄弟的兵馬為「春陵軍」。當時限於財力，春陵軍的裝備非常落後，據說劉秀都是騎著牛出戰的，所以才得了「牛背上的開國皇帝」的稱號。

簡陋的軍備絲毫沒有削弱起義軍的信心，為了增強自己的勢力，他們和新市、平林、下江這三支綠林軍中的主力聯合起來，一起對抗王莽的軍隊。最終，起義軍在取得許多勝利後，於新莽地皇四年擁立西漢宗室劉玄為帝，就是歷史上的更始帝。

後來，起義軍在昆陽以區區萬餘人的守城部隊戰勝了多達四十萬人的王莽大軍，取得了決定性的勝利。這次著名的以少勝多的戰役，多虧了劉秀的遠見卓識和奇謀妙計。這一戰後，

[079] 春陵：春，音ㄔㄨㄣ。古郡名，轄境相當於今湖北省棗陽市。

王莽再也無力組織軍隊反撲，綠林軍攻入長安，王莽新朝覆滅。這一戰也使得劉秀威名遠播，在軍中的聲望甚至超過了更始帝劉玄。

功高震主，韜光養晦

昆陽之役，劉秀立下首功，一戰成名。理智的劉秀並沒有邀功請賞，而是馬不停蹄地南下攻城，竭力表現對更始帝的忠心。可就在他南下征戰之際，他的哥哥劉縯卻被疑心重重的更始帝殺害了。此刻的劉秀對更始帝自然恨之入骨，可他沒有意氣用事，而是隱忍不發，低調處事。對於兄長被殺一事，他鎮定自若，絲毫沒有表現出悲傷之情，反而主動向更始帝謝罪，這份忠心讓更始帝始料未及，頗感慚愧。所以，劉秀不但沒有因為哥哥而獲罪，反而獲得了提升，被封為武信侯。

自此之後，劉秀待人、做事更加謹慎，處處留心不授人以柄。因為他知道自己功高震主，無法獲得更始帝的信任，兄長之死就是血淋淋的教訓，他必須隱忍以圖將來。

當時，更始政權雖然已經建立，但是國家並未統一，黃河以北各州郡還在觀望新政權。為了招撫河北地區，朝廷有人推舉驍勇善戰的劉秀前去，而有人懼怕劉秀的勢力進一步壯大，堅決反對。這個出征河北的機會對劉秀來說尤為重要，所以他採納了部下馮異的計策，極力奉承當時的左丞相曹竟，透過曹竟的力挺，最終獲得了「持節北渡河」的機會。出籠的猛虎勢不可擋，從此一發不可收拾。

積蓄力量，一舉稱帝

劉秀費盡心機獲得了出巡河北的機會，可以說是逃過一劫。但更始帝始終不放心，便讓他「單車空節巡河北」，不給他任何兵馬糧草。所以到了河北之後，劉秀又陷入了新的困境。

恰逢前西漢趙繆王之子劉林擁戴一個叫王郎的人在邯鄲稱帝，廣陽王之子劉接也起兵響應劉林，所以劉秀此去凶多吉少，形勢危險。這時候，劉秀的至交好友鄧禹兼程趕來，鼓勵他「延攬英雄，務悅民心，立高祖之業，救萬民之命」，鄧禹的話讓劉秀大為感佩和振奮。幸好，在劉秀到達河北之後，得到了上谷太守耿況之子、少年英雄耿弇[080]的鼎力相助，才得以重整旗鼓。當時耿弇手中握有漁陽、上谷的騎兵萬騎，足以抵擋邯鄲的軍隊，所以不久劉秀就攻破了邯鄲，推翻了王郎的政權。

為了鞏固自己在河北的勢力，劉秀還親赴真定府，隆重迎娶了真定王劉楊的外甥女郭聖通，透過政治聯姻進一步鞏固了劉楊兩家的關係。看著劉秀的勢力一步步壯大，更始帝開始不安了，便派遣使者前去河北，說要封劉秀為蕭王，企圖再次奪取他的兵馬，並想以領賞為名將其誘入長安殺害。好不容易逃

[080] 弇：ㄧㄢˇ。

出虎口的劉秀自然不可能乖乖送上門任人宰割，他以河北未平為由拒絕領命，這也就等於擺明了要與更始帝決裂。

此時的劉秀已經不同往昔，他手上握有數十萬銅馬農民軍[081]，被關中人稱為「銅馬帝」，實力遠遠超過了長安城裡的更始帝。隱忍已久的劉秀終於不再忍氣吞聲，他的羽翼已豐，到了報仇雪恨、一展宏圖的時候了。西元 25 年六月，劉秀在眾將的擁戴下，於鄗南的千秋亭即皇帝位，為表「重興漢室」之意，劉秀建國仍然使用「漢」的國號，史稱「東漢」，定都洛陽。

即位之後，漢光武帝劉秀經過長達數十年之久的統一戰爭，先後消滅了更始、赤眉和隴、蜀等諸多割據勢力，終於使得動亂二十多年的中原再次歸於一統。

相關連結：綠林、赤眉起義

綠林、赤眉起義是西漢末年王莽篡權時發生的農民起義，後來與劉秀的起義軍會合，成為光武中興的源頭。

其中，綠林軍因其駐紮在綠林山[082]而被稱為「綠林軍」。「赤眉軍」則把自己的眉毛塗紅，作為辨識的記號，所以被稱為「赤眉軍」。

---

[081] 銅馬農民軍：新莽末年河北的農民起義軍。和綠林軍、赤眉軍一樣，都是農民武裝，後來銅馬軍被劉秀收編。

[082] 綠林山：今湖北省荊州市境內。

隱士嚴子陵

「雲山蒼蒼，江水泱泱，先生之風，山高水長」，這是北宋名臣范仲淹對東漢隱士嚴子陵的讚譽。作為光武帝劉秀的故交好友，嚴子陵原本可以輕而易舉地得到高官厚祿，但他不願意被官職束縛，拒絕光武帝的多次邀請。最後甚至一走了之，回到故鄉釣魚，在歷史上留下了一段隱居釣魚的佳話。

光武帝三請嚴子陵

嚴子陵，名光，會稽餘姚人。他自小即有美名，不慕榮華、不羨富貴、性格謙讓、品德高尚。

在長安遊學時，嚴子陵與劉秀既是同學，又是好友。後來他幫助劉秀起兵，反抗王莽腐朽的統治，因為他知道劉秀肯定能成大事。之後，嚴子陵就隱居了，過著既清閒又充實的日子。

光武帝劉秀即位後，派人尋找嚴子陵，想請他出來做官。但嚴子陵不願意當官，為了躲避劉秀的「騷擾」，嚴子陵還改名換姓隱居。光武帝思賢若渴，並沒有放棄。他讓人繪製了嚴子陵的畫像，按圖索驥[083]。果然，有人在齊國發現了一個很像嚴子陵的人，披著破舊的羊裘在澤中釣魚。光武帝得到消息後，表

[083] 按圖索驥：按照圖像尋找好馬，比喻按照規矩呆板地做事。也泛指按照線索尋找目標。

示那就是嚴子陵。他馬上命人備好車馬，帶了厚禮，前去聘請。

「我不是你們要找的人，別浪費時間打擾在下的雅興。」面對天子使者的隆重場面，嚴子陵淡淡地說道。他看也不看使者，依舊盯著自己的釣竿。

使者乘興而來，沒料到會遇見這種情況。碰了一鼻子灰，十分尷尬，爭辯也不是，不爭辯也不是，走也不是，留也不是。等了好久腿都站痠了，見對方還是只坐著看著水面，只好悄悄地轉身回去覆命了。

光武帝聽了，並沒有失望。他再次派出那個使者前往齊國，嚴子陵這次乾脆一言不發。

光武帝還是沒有灰心，他第三次讓使者前往，非要成功不可。嚴子陵這次沒有拒絕，登上了使者的車。

「客星侵犯御座」的笑話

在京城洛陽，光武帝終於見到了老朋友嚴子陵。他的御駕到了門口，嚴子陵也不管，依舊躺在床上閉目養神。主人不迎接，光武帝只好主動進去了。他來到床前，用手拍了拍對方坦露的肚皮，嘆息道：「嚴子陵啊，為什麼不肯幫我做事呢？」

嚴子陵沒有開口，故意從鼻子裡發出一點鼾聲，表示回應，希望對方離開。可是光武帝不知趣，依然在旁邊等待。等了很久，光武帝還不動身，嚴子陵只好睜眼。他看著劉秀，緩緩說道：「即使是唐堯那樣的明君，也會碰到像巢父洗耳[084]這樣的事。人各有志，何須相逼？」

[084] 巢父洗耳：巢父是帝堯時期傳說中的高士，又名許由。帝堯請巢父代他治理天下，巢父不接受。帝堯又派人去請，讓巢父幫他治國，擔任九州牧。巢父認為帝堯和大臣的那些話玷污了他的耳朵，來到潁水河邊清洗耳朵。

「子陵，我竟然不能說服你嗎？」光武帝重重長嘆後，輕輕挪步，慢慢離開了。

過了一段時間，光武帝不再逼迫嚴子陵，他們在宮裡歡顏相見，談天說地。「朕如今比以前如何？」光武帝有些得意地問道。「好像比以前好一點。」嚴子陵隨意地答道。光武帝聽完哈哈大笑，也只有嚴子陵敢這麼說、能這麼講了。

高興之餘，光武帝留宿嚴子陵。晚上，嚴子陵的腳亂踢，居然伸到了劉秀的肚子上。

第二天，太史進宮稟報，說昨夜有客星侵犯御座，非常危急。光武帝一聽，哈哈大笑：「朕同故人嚴子陵共眠，怎麼就應了天象呢？」

隱居釣魚，美名傳揚

嚴子陵能影響天象，光武帝這個天子當然更欣喜，非要授予嚴子陵一個諫議大夫的官職輔佐自己。嚴子陵見劉秀太堅持，揮了揮手，甩了甩袖子，大步離開了京城。

他回到浙江，在桐廬縣境內的富春山下高高興興地種田，在富春江快快樂樂地釣魚。同時，他還一邊授徒一邊寫書。由於品學出眾，他被後人尊稱為「嚴子」。

在無憂無慮、無病無疾中，嚴子陵活到了八十歲。後來，他隱居的富春山又被稱為「嚴陵山」，他在富春江垂釣的地方被稱為「嚴陵瀨[085]」。連他垂釣坐過的石頭，也被冠以「嚴子陵釣臺」的美稱。地在名在，千古千秋。

相關連結：嚴子陵釣臺

嚴子陵釣臺，位於浙江省桐廬縣距城南十五公里的富春山麓，是富春江上的重要景點，因東漢嚴子陵隱居於此而得名。嚴子陵釣臺由東臺、西臺、嚴先生祠、石坊、碑園、釣魚島、富春江小三峽等景點組成。

歷代不少文人如李白、范仲淹、孟浩然、蘇軾、陸游、李清照、朱熹等都來過釣臺，並留下不少詩文佳作。

老當益壯的馬援

伏波將軍馬援是一位青史留名的愛國名將，他忠君報國，南征北戰，為保衛國家立下了汗馬功勞。歷史上，有幾個著名的成語都是出自這位老將：窮且益堅、老當益壯、馬革裹屍……他的人格魅力，在史冊中熠熠生光。

[085] 瀨：ㄌㄞˋ。

窮且益堅，老當益壯

光武帝劉秀靠武力奪取了天下，他手下有一批出身豪強地主的大將謀臣，都曾幫他打天下，其中功勞最大的有二十八位。光武帝死後，他的兒子漢明帝劉莊把這二十八人的肖像畫在南宮的雲臺上，稱為「雲臺二十八將」，其中有馮異、岑彭、鄧禹、耿弇等。

在二十八將之外，還有一名大將，他的名字雖然沒有留在雲臺上，但是在歷史上卻很有名氣。他就是曾被封為「伏波將軍」的馬援。

馬援在王莽統治時期，當過扶風郡[086]的督郵。有一次，郡太守派他押送犯人到長安。半路上，他看犯人哭得很傷心，就把他們通通放走，自己也丟了官，逃亡到北地郡躲起來。馬援在那邊養牛種田，幾年內就擁有了幾千頭牛羊，還積蓄了幾萬斛[087]糧食。

但是，他並不想一直留在這裡過衣食無憂的財主生活。他把自己積貯的財產牛羊分送給他的兄弟朋友。他說：「一個人做守財奴太沒出息了。」他還說：「窮且益堅，老當益壯。」

王莽敗亡後，馬援投奔光武帝，南征北戰，立下很多戰功。

---

[086]　扶風郡：在今陝西省興平市東南。

[087]　斛：ㄏㄨˊ。舊量器，方形，口小，底大，容量本為十斗，後來改為五斗。

西元 44 年秋天，馬援打仗歸來，有人勸他說：「您已經夠辛苦了，還是在家休養休養吧！」馬援豪邁地說：「不行，現在匈奴和烏桓還在騷亂，我正要請求皇上保衛北方。男子漢大丈夫，應該死在疆場上，讓別人用馬革裹著屍首送回來埋葬。怎

麼能老待在家裡跟妻子、兒女生活呢！」

不久，匈奴和烏桓接連侵犯北方，漢光武帝派他去守襄國[088]。匈奴和烏桓只跟漢軍起了一場小衝突就逃走了。

平定嶺南，馬革裹屍

北方平定下來不久，南邊五溪有一個部族打到了臨沅縣，光武帝兩次派兵征討，都被五溪部族打敗，光武帝很擔憂這件事。那時候馬援已經六十二歲了，但還是主動請求帶兵去打仗。

光武帝考慮到馬援年事已高，出征在外，戰場凶險，就沒有應允他的請求。馬援又當面向劉秀請戰，說：「臣還能披甲上馬。」劉秀便讓他試試。馬援披甲持刀，飛身上馬，手扶馬鞍，四方顧盼，一時鬚髮飄飄，神采飛揚。劉秀見馬援豪氣不減，雄心未已，很感動，笑道：「這個老頭好硬朗啊！」於是派馬援率領中郎將馬武、耿舒、劉匡、孫永等人，率四萬大軍遠征。

出征前，親友來為馬援送行。馬援對一位老友說：「我受國家厚恩，年事已高，餘日已不多，時常害怕不能為國捐軀，現在獲得機會出征，死也瞑目。」

西元 49 年，馬援率部到達臨鄉，蠻兵來攻，馬援迎擊，大敗蠻兵，斬俘兩千餘人，蠻兵逃入竹林中。三月，馬援率軍進

[088] 襄國：在今河北省邢臺市西南。

駐壺頭 [089]。蠻兵據高憑險，緊守關隘。水勢湍急，漢軍船隻難以行進。加上天氣酷熱難當，好多士兵得了鼠疫或其他傳染病而死，馬援也身患重病，部隊陷入困境。馬援命人靠河岸山邊鑿成窟室，以避炎熱的暑氣。

雖然戰況不利，但馬援意氣自如，壯心不減。每當敵人登上高山鼓譟示威，馬援都拖著重病之軀出來觀察、瞭望敵情。手下將士深為其精神感動，不少人熱淚橫流。後來，馬援病死在嶺南戰場，果然實現了自己「大丈夫馬革裹屍」的願望。

馬援的大半生都在戰場上度過，他矢志報國，忠勇豪邁，真是令人欽佩。

相關連結：馬援的後代有誰

馬援是東漢的開國元勳，在歸順劉秀後一心為東漢出戰，晚年也在戰爭中度過，最終死在平定嶺南的戰場，完成了馬革裹屍的心願。

馬援死時還遭人誣陷，被劉秀誤會，爵位也被褫奪，不過他的子孫後代沒有受到太大的影響，也出了不少人才。馬援生有三子五女，三子皆為朝中官員，其中一女還貴為皇后。

馬援的後代中比較有名的是三國時期的馬超，是蜀國的「五虎上將」之一。

[089] 壺頭：在今湖南省沅陵縣。

強項縣令

董宣是東漢光武帝時期的名臣，他被光武帝從劊子手的刀下解救出來，之後被委以重任，負責管理權貴雲集、豪強遍地的京都洛陽。董宣以公正無私、百折不撓的表現回報光武帝的信任，也為光武帝惹來了不少的「麻煩」，在歷史上留下了一段有趣又可敬的故事。

「刀下留人」

光武帝劉秀在位期間，青州廷尉監牢要發落一批死刑犯，獄吏按規矩送酒菜給每一名刑犯。其中只有董宣輕蔑地掃了他們一眼，碰也不碰食物，義正詞嚴地說：「我董宣生平從未吃過別人的東西，更何況是要死的時候！」然後挺胸健步登上囚車上路。董宣是什麼人，他究竟犯了什麼罪要被處死呢？

原來，董宣是一名官員。他任北海相時，轄區內有個出身大戶的武官公孫丹修建了一處豪華住宅，並請算命先生來看風水。沒想到算命的說新宅裡會死人，公孫丹聽後就指使自己的兒子隨意殺了一個無辜的路人，並把屍體放進新宅，以此避開災禍。事情敗露後，董宣下令逮捕公孫丹父子，判了他們死罪，立刻處死。但公孫丹三十幾個宗親氣勢洶洶地拿著兵器，聚集到官府門前鬧事，為公孫丹父子喊冤。董宣又查出公孫丹和這夥人以前竟是王莽的黨羽，現在又常與海盜來往，危害國家與百姓。為了穩定局勢和為國為民除害，董宣下令殺死這三十幾人。但沒想到公孫丹還有更強硬的高官靠山。有人上奏光武帝劉秀，說董宣殺人無度，請求追究責任。就這樣，董宣被判了死罪。

那天，與董宣一起受刑的有九人，已經殺了八個，馬上就輪到董宣了，忽然，只見一人快馬加鞭飛奔到刑場，大呼：「刀下留人！」

原來，漢光武帝劉秀與綠林軍、赤眉軍推翻了王莽的新朝，繼之又消滅了綠林軍、赤眉軍，統一了中原，恢復劉姓漢朝後，定都洛陽。皇親國戚和恃功重臣的親眷們大多居住在洛陽一帶，有些人倚仗特權和開國的功勞橫行霸道，根本不將國家的制度法令放在眼裡，殺普通百姓就像踩死隻螞蟻，讓民怨開始沸騰。不少官吏畏懼皇親和權貴的淫威，遇到這種案件往往選擇明哲保身[090]，大事化小，小事化了。一味地姑息遷就，更加助長了這些權貴們的囂張氣焰，洛陽的治安令人擔憂。

光武帝畢竟是一位比較開明的皇帝，當他煩惱要怎麼選出一個德才兼備、勇於負責的官員出任洛陽縣令時，突然想起了敢作敢當的原北海相董宣，就打算赦免董宣的死罪，並起用董宣擔任京都洛陽的縣令。

---

[090]　明哲保身：原指明智的人不參與可能會引來危險的事，現在指因怕犯錯或有損自己利益時，對原則性問題不置可否的處世態度。

光武帝左思右想，董宣為人正直、性格剛強，實在是洛陽縣令的最佳人選。於是，他就派人從刑場上劊子手的刀下把董宣救了回來。

可是光武帝沒有想到，他特意召回來的董宣到任不久，就惹了「麻煩」。

誅殺惡奴

光武帝的姊姊湖陽公主，是一個驕縱的貴夫人。生活奢靡就不必說了，整個官署她都沒有放在眼裡。她想：自己的親弟弟當了皇帝，誰能拿我怎麼樣！上行下效，她府上的那幫人也是狐假虎威，肆無忌憚。

有一天，湖陽公主的一個家奴因為一點小事，竟在光天化日之下殺了人。他害怕官府追究，就躲進公主家。去捉拿他的公差不敢擅闖公主府搜查，只好在門口等，卻久久不見那惡奴出來，只好回去報告董宣。董宣面色嚴峻地說：「早晚會治罪，先不去動他。」

過了一段日子，公主看官府沒有什麼動靜，也沒有人來捉拿凶犯，以為此事會像往常一樣不了了之，就放心大膽地帶著惡奴出門，甚至還故意讓他坐在自己身旁陪乘。那惡奴得意揚揚地坐在公主身邊，心想：有皇帝的姊姊保護，看你們能把我怎樣？一行人馬耀武揚威地穿行於街市。沒想到，董宣接到報告，早就帶著公差在他們必經的夏門亭等候了。

湖陽公主的車子剛走到夏門亭，就見一名公差抽刀迎上前，左手拉住轡繩，右手用閃亮的刀鋒往地上畫了一條線，厲聲喝道：「停車！」

湖陽公主定睛一看，是洛陽縣令董宣，不禁大怒道：「小小一個洛陽令，竟敢攔截我的馬車！你有幾個腦袋？不想活了！」董宣毫不畏懼地大聲說道：「身為國親，不知憂國愛民，約束屬下，反倒縱奴殺人，窩藏罪犯，是何道理？」

接著，他大聲喝令坐在車上不知所措的惡奴：「給我下車！」

吏卒們一擁而上，把惡奴拉下車。董宣讓他跪在地上，宣布他因殺人罪而被判處死刑，立即執行。就這樣，董宣當著湖陽公主的面把這個惡奴殺了。

「強項縣令」

湖陽公主哪有受過這樣的衝撞和委屈，她氣急敗壞地趕到宮裡，添油加醋地向光武帝告狀。光武帝見董宣對自己的姊姊如此無禮，不由得大怒，立即召見董宣，並命令侍從用鞭子把他打死。

董宣邊磕頭邊大聲請求：「請讓臣說句話再死！」光武帝氣沖沖地問：「你還有什麼話要說？」

董宣回答說：「陛下憑藉盛德使漢朝復興，臣也是受陛下的皇恩和重託才履行職責，依法懲處殺人罪犯！臣何罪之有？如果陛下放縱皇親的奴僕去殺害無辜的百姓，那將如何治理天下？臣無須陛下鞭打，就讓我自殺好了。」說著，便一頭向柱子撞去。

光武帝覺得董宣說的有理，又怕真出人命，趕緊叫內侍拉住了他，靜下心來仔細一想：董宣沒什麼錯，要是殺了人可以不受處罰，那天下不就大亂了。可自己的姊姊正在氣頭上，總得給她個臺階下，也好收場。於是就吩咐董宣向公主磕個頭、認個錯，這件事就算了結了。沒想到董宣卻寧死不從，挺直脖子說：「臣沒有錯，為什麼要向公主謝罪？」

光武帝看著董宣倔強的樣子，真是哭笑不得，只好讓人硬按住董宣的頭，碰到地面就算董宣給公主磕頭謝罪了。可寧折不彎、血流滿面的董宣用雙手死死撐住地面，堅決不肯低頭。

湖陽公主見董宣態度如此強硬，連皇帝都不能使他屈服，覺得自己在眾人面前非常沒有面子，就開始用激將法，她對光武帝說：「你從前當平民的時候，還收留過被王莽追殺的逃亡者，官吏都不敢上我們家搜查。現在做了天子，怎麼反而對付不了一個小小的洛陽縣令了？」

光武帝對董宣的欣賞與無奈早已讓他消氣了，他笑著對姊姊說：「正因為我做了天子，才不能像當老百姓的時候一樣啊！」

接著他大聲命令：「強項縣令，回去吧！」

勸走湖陽公主後，劉秀賞賜給董宣三十萬錢，用以表彰他效忠朝廷、剛正不阿、執法如山、無私無畏的精神。董宣分文未留，全都分給了手下的官吏和兵丁。皇帝賜給他的稱呼也迅速傳開了，那些不法的豪門貴戚和歹徒們一聽到「強項縣令」，無一不驚懼。

相關連結：漢律

「漢律」是漢代法律的總稱。劉邦占領咸陽後認為秦法煩苛，曾約法三章。後因三章之律太簡略，不便於統治，丞相蕭何便在秦律的〈盜〉、〈賊〉、〈囚〉、〈捕〉、〈雜〉、〈具〉六篇外，又增〈戶〉、〈興〉、〈廄〉三篇，構成《九章律》。

漢承秦制，西漢建國初期，依然繼承秦朝各項基本制度。隨著戰亂逐漸平息，統治者開始認真總結秦朝興亡之得失，開始調整治國之策，使得社會經濟基礎和政治制度得到確立和鞏固。因此，漢朝法律制度既有繼承秦朝的一面，也有重大改革的一面，封建法制也日趨成熟。

出使西域的班超

班超是東漢時期的著名外交家，他曾率領三十六人平定西域，留下了「三十六人平西域」的傳奇故事。他在西域經營了三十多年，重拾了東漢朝廷對西域的統治和中西交通，使東漢和西域的經濟文化交流得以繼續發展。他還曾派甘英出使大秦，雖然沒有成功，但為以後打通歐亞交通貢獻很大。

投筆從戎

光武帝劉秀建立東漢王朝後，請了一位大學問家班彪整理西漢的歷史。班彪有兩個兒子，名叫班固和班超，一個女兒叫班昭，他們從小都跟父親學習文學和歷史。

西元 62 年，班超的哥哥班固被召入京任校書郎，班超和母親也一同遷至洛陽。但班超家境一般，只能靠替官府抄寫文書來維持生計。有一天，他聽說匈奴不斷侵擾漢朝邊疆，掠奪居民和牲口，就丟下筆，氣憤地說：「大丈夫應當像張騫、傅介子那樣到塞外去建功立業，怎麼能老死在書房？」

就這樣，班固決心投筆從戎。西元 73 年，奉車都尉竇固率兵攻打匈奴，班超隨從北征，在軍中任假司馬之職。假司馬官職很小，但它卻是班超從文墨生涯轉向軍旅生活的第一步。班超一到軍營，就展現了與眾不同的才能。他率兵進擊伊吾，戰於蒲類海，小試牛刀，斬俘很多敵人，竇固很賞識他的軍事才幹。

不入虎穴，焉得虎子

後來，漢朝為了根除匈奴的侵擾，就派遣班超作為使臣出使西域。班超手持漢朝的節杖，帶領著由三十六人組成的使團出發了。

他們首先來到鄯善國。班超拜見了鄯善國王，說：「尊敬的國王陛下，我們漢朝的皇帝派我來，是希望聯合貴國共同對付匈奴。我們都吃過很多匈奴入侵的苦頭，應該攜手同仇敵愾，匈奴才不敢再猖狂肆虐！」鄯善國王早就知道漢朝是一個泱泱大國，國力強盛，人口眾多，不容小視。現在又見漢朝的使者威儀莊重，頗有大國之風，果然名不虛傳，就連連點頭說：「說得太對了，那就請您先在鄯國住幾天，聯合抵抗匈奴之事，容過兩天再具體商議。」

於是，班超他們就住下了。前幾天，鄯善國王待他們還很熱情，可是沒過多久，班超便察覺鄯善國王對他們越來越冷淡了。不僅找藉口避開他們不見，即使好不容易見到了，也絕口不提聯合抗擊匈奴之事。

班超有了一種不祥的預感，他召集使團的人分析說：「鄯善國王對我們的態度越來越不友好了，我猜想是匈奴也派了人來遊說他，我們必須去探察一下，釐清事情的真相。」夜裡，班超派人潛進王宮，果然發現國王正陪著匈奴的使者喝酒談笑，看起來很投機，就馬上回來將這個消息跟班超報告。接下來的幾天，班超又設法從接待他們的人那裡打聽到，匈奴不但派來了使節，還帶了一百多名全副武裝的隨從和護衛。他立刻意識到事態已經發展到很嚴重的地步，就馬上召集使團的人研究對策。

班超對大家說：「匈奴已經派來使者，說動了鄯善國王，現在我們的處境極度危險，如果再不採取行動，等鄯善國王被說服，我們就會成為他和匈奴結盟的犧牲品。到時候我們自身難保是小事，但我們就有辱了使命。大家說該怎麼辦？」大家齊聲回答說：「我們服從您的命令！」班超猛拍了一下桌子，果斷地說：「不入虎穴，焉得虎子[091]！現在我們只有下定決心消滅匈奴，才能完成我們的使命！」當夜，班超就帶人衝進匈奴使臣的營地，趁他們沒有防備，以少勝多，把一百多個匈奴人全部殺死了。

第二天，班超提著匈奴使者的頭去見鄯善國王，並當面指責說：「您太不守信了，既答應和我們結盟，又背地裡和匈奴接觸。現在匈奴使者已經全被我們殺死了，您自己看著辦吧！」鄯善國王又驚又怕，很快就和漢朝簽訂了同盟協議。班超的舉動震驚了西域，其他國家都紛紛和漢朝簽訂盟約，很多小國也表示和漢朝永修友好，班超終於圓滿地完成了使命。

三十六人平西域

後來，皇帝派班超再次出使西域。

班超率領上次的三十六名隨員再次向西域出發，不久他們就到了于闐[092]。當時，于闐王廣德最近攻破莎車，匈奴人派使者駐在于闐，名為監護其國，實際上掌握著該國的大權。

班超到達于闐後，于闐王對他頗為冷淡。于闐巫風熾盛，巫師對于闐王說：「現在天神發怒了，天神問，為何要投向漢朝？漢朝來的使者有一匹黑嘴的黃馬，趕快拿過來祭祀。」于

[091] 不入虎穴，焉得虎子：不進老虎的洞穴，怎麼捉到小老虎？比喻不歷經艱險，就不能成功。

[092] 于闐：闐，音ㄊㄧㄢˊ。于闐，古西域國名，在今新疆和田一帶。

闐王廣德就派國相前去漢使處要馬。班超早已暗中知道了這件事，就答應了，但提出要巫師親自來取馬的要求。

等到巫師到來，班超立刻將他殺死，把首級送還于闐王，曉以利害，責以道義。于闐王早就聽說過班超在鄯善國誅殺匈奴使者的作為，頗為惶恐，當即下令殺死匈奴使者，歸附漢王朝。班超重賞了于闐國王及其臣子，以此來安撫他們。

從此，西域各國的國王紛紛把自己的兒子送到漢朝當人質，以示歸順。至此，西域與大漢斷絕了六十五年的交往終於恢復。

班超以非凡的政治和軍事才能，在西域的三十一年中，果斷執行了東漢王朝「斷匈奴右臂」的政策，不僅維護了東漢王朝的安全，還加強了與西域各族的聯繫，為平定西域、促進民族融合貢獻良多。

相關連結：「博望侯」和「定遠侯」

「博望侯」是西漢外交家張騫的封號。張騫兩次出使西域，聯結大月氏合擊匈奴，漢武帝劉徹取「博廣瞻望」之意，封張騫為「博望侯」。

「定遠侯」是東漢外交家班超的封號。班超在西域活動長達三十一年之久，平定內亂，外禦強敵，為保護西域的安全和絲綢之路的暢通，以及促進中外文化交流做出了重大貢獻，因功被封為「定遠侯」，所以班超也被尊稱為「班定遠」。

發明家張衡

張衡是中國古代傑出的文學家，也是中國人最熟悉的古代科學家之一。他博聞強識，多才多藝，在天文、曆法、數學、地理、文學等方面都有傑出的成就。張衡是享有世界聲譽的傑出科學家，月球上的一個環形山和一八〇二號小行星，就是以張衡的名字命名。

數星星的孩子

漢章帝在位時期，東漢政權比較穩定。但是漢章帝死後，繼承皇位的漢和帝才十歲，竇太后臨朝執政，讓哥哥竇憲掌握朝政大權，東漢王朝開始走下坡。

也就是在這個時期，出現了一位著名的科學家張衡。張衡是東漢時期傑出的科學家，南陽人。他從小就愛問問題，對周圍的事物總喜歡追根究底。

一個夏天的晚上，張衡和爺爺、奶奶在院子裡乘涼。他坐在一張竹床上，仰著頭呆呆地看著天空，還不時舉起手指指畫畫，認真地數星星。

突然，張衡對爺爺說：「爺爺，我數星星很久了，看見有的星星位置移動了。原來在天空東邊的，跑到西邊去了；有的星星出現，有的星星又不見了。它們會移動嗎？」

爺爺說道：「星星是會移動的。你要認識星星，先要看北斗星。你看那邊比較明亮的七顆星，很容易找到……」

「噢！我找到了！」小張衡很興奮地又問，「那它是怎麼移動的呢？」

爺爺想了想說：「大約到半夜，它就會與地平行，天快亮的時候，北斗就像翻了個身，倒掛在天空……」

這天晚上，張衡一直睡不著，多次起來看北斗。夜深人靜，當他看到那閃爍而明亮的北斗星時，果然倒掛著，他感到很興奮！他想：北斗這樣轉來轉去，是什麼原因呢？天一亮，他便去問爺爺，誰知爺爺也講不清楚。於是，他只能帶著這個問題繼續探尋下去。

發明渾天儀

十七歲那年，張衡離開家鄉，先後到了長安和洛陽，在太學[093]裡用功讀書。當時的洛陽和長安是很繁華的城市，城裡的王公貴族過著驕奢淫逸的生活。張衡很鄙視這些景象，便寫了兩篇文章〈西京賦〉和〈東京賦〉，諷刺這種現象。據說他為了寫這兩篇賦，深思熟慮，反覆修改，前後花了十年工夫，可見他研究學問的精神是多麼認真嚴肅。

[093]　太學：古代設立在京城的最高學府。

但是張衡的專長不是文學，他更喜愛數學和天文研究。朝廷聽說張衡是個有學問的人，就召他到京裡做官。他先是在宮裡當郎中[094]，後來又擔任了太史令，負責研究陰陽、天文曆法，這個工作正好符合他的研究興趣。

張衡分析了許多具體的天象。他統計出中原地區能看到的星數大約有兩千五百顆。他掌握了基本的月食規律，觀測到的太陽和月亮的角直徑也相當準確。張衡還認為，早、中、晚的太陽，其大小是一樣的，但為什麼看起來是早晚的大、中午的小？其實這是一種光學現象：早晚觀測者所處的環境比較暗，從暗處看明處就顯得大；中午天地同明，看天上的太陽就顯得小。好比一團火，夜裡看起來較大，白天看起來較小。張衡的解釋儘管不全面，但是有一定的道理。

經過了一番研究，他斷定地球是圓的，月亮是藉著太陽的照射才反射出光芒。他還認為天像蛋殼，包在地的外面；地像蛋黃，在天的中間。這種學說雖然不完全精確，但在一千八百多年前，能提出這種科學的見解，也令後來的天文學家非常欽佩。

不光是這樣，張衡還用銅製造了一種測量天文的儀器，叫做「渾天儀」。渾天儀上面刻著日月星辰等天文現象，並透過水力來轉動。據說什麼星從東方升起，什麼星向西方落下，都能在渾天儀上看得清清楚楚。

---

[094] 郎中：古代官名。

發明地動儀

那是個地震頻繁的年代，有時一年一次，有時一年兩次。發生一次大地震，就會殃及幾十個郡，城牆、房屋倒坍，死傷許多人畜。當時的封建帝王和百姓們都認為地震是不吉利的徵兆，有的人還會趁機煽動迷信、欺騙人民。

但是張衡卻不信神、不信邪，他細心考察了地震紀錄後，發明了一個測報地震的儀器，叫「地動儀」。

地動儀以青銅製造，形狀有點像酒罈，四周刻鑄著八條龍，龍頭分別向著八個方向。每條龍的嘴裡都含了一顆小銅球，在龍頭下面，蹲了一隻銅製的癩蛤蟆，對準龍嘴張著嘴。如果哪個方向發生地震，朝著那個方向的龍嘴就會自動張開，把銅球吐出來。銅球掉在癩蛤蟆的嘴裡發出響亮的聲音，就等於是地震的警報。

西元一三八年二月某一天，張衡的地動儀正對西方的龍嘴突然張開，吐出了銅球。按照張衡的設計，這就是表示西邊發生了地震。

可是那一天完全沒有地震的跡象，也沒有聽說附近哪裡發生了地震。大家議論紛紛，都說張衡的地動儀是騙人的，甚至有人說他有意造謠生事。

過了幾天，有人騎著快馬來向朝廷報告，離洛陽一千多里的金城、隴西一帶發生了大地震，連山都崩塌了，大家這才信服。

可是在那個時候，朝廷掌權的全是宦官或外戚，像張衡這樣有才能的人不但不被重用，反而還被打擊、排擠。張衡當侍中的時候，因為與皇帝接近，宦官怕張衡在皇帝面前告狀，就在皇帝面前講了張衡很多壞話。張衡便被調出了京城，到河間當國相。

張衡一生努力學習，刻苦鑽研，毫不倦怠和自滿。不論在哪一個領域，他的造詣都廣博而精深。由於他的貢獻厥功甚偉，國際天文學聯合會（IAU）將月球背面的一座環形山命名為「張衡環形山」，太陽系中的一八〇二號小行星被命名為「張衡星」。

相關連結：〈兩都賦〉和〈二京賦〉

〈兩都賦〉是東漢文學家、史學家班固創作的大賦，分〈西都賦〉和〈東都賦〉兩篇。據其自序，自東漢建都洛陽後，「西土耆老」希望仍以長安為首都，於是班固寫下了這兩篇賦反對。

〈二京賦〉是東漢文學家、科學家張衡的代表作。〈二京賦〉包括〈西京賦〉和〈東京賦〉兩篇。二京，指漢朝的西京長安與東京洛陽。由於〈二京賦〉結構嚴謹精密，被後世認為是漢賦中的精品。

漢賦是漢朝興起的一種有韻的散文，它的特點是散韻結合，專事鋪敘。在兩漢四百多年間，文人致力於寫作這種文體，因而盛極一時，成為漢代文學的代表。

造紙的蔡倫

古代四大發明是對世界文明的重要貢獻，其中造紙術對文化的傳播意義重大。而紙的發明者，是東漢皇宮裡的一個宦官——蔡倫。

尋找新的書寫材料

蔡倫是東漢時期一名宦官，他從小就在皇宮裡當太監，擔任的職位較低，只是一個小黃門[095]。後來他得到漢和帝的信任，被提升為中常侍，能參與國家的機密大事。

蔡倫還當過管理宮廷用品的尚方令，監督工匠為皇室製造寶劍和其他各種器械，因而經常和工匠們接觸。工匠的精湛技術和創造精神，對他影響深刻。

蔡倫非常聰明，頭腦靈光，經常和工匠們一起研究製作工藝。蔡倫看到皇帝每天要批閱堆成小山般的簡牘[096]，非常不方便，就思索著要製作出一種輕便易用的書寫材料，來取代笨重的簡牘。

對於新的書寫材料，蔡倫的第一個要求就是輕便，因此用

[095] 小黃門：侍奉皇帝及其家族的宦官。秦漢時期，宮門多油漆成黃色，故稱黃門。有黃門令、中黃門、小黃門等之分。

[096] 牘：ㄉㄨˊ。

竹、木製成的簡牘首先被排除在外。絲帛倒是挺符合的，可惜原材料稀少。蔡倫仔細觀察了絲帛的生產過程，發現絲帛是由纖細的短纖維互相黏成的。於是，他把新材料定位為結構與絲帛相似、取材容易、價格低廉。他時時處處都留意著、尋覓著這種新材料。

「蔡侯紙」的由來

有一天，蔡倫和幾個小太監到城外遊玩。這是一個十分幽靜的山谷，一條小溪潺潺流過，溪邊垂柳依依，景色宜人。

小太監們一路打打鬧鬧，十分歡樂，唯獨蔡倫心事重重，東張西望。忽然，他兩眼一亮，快步走到溪邊，蹲著不動。小太監們覺得非常奇怪，都圍過來，只見蔡倫手裡捧著一團溼溼的、破破爛爛的、像棉絮一樣薄薄的東西發呆。

一個小太監看了看說：「我還以為是什麼東西，原來只是個垃圾！快丟了吧！」蔡倫卻彷彿什麼也沒聽見，仍痴痴地捧著。那個小太監一個箭步走上去，抓起那團東西就要丟進水裡。蔡倫則緊緊抓著不放，嘴裡喃喃地說：「找到了，找到了！」

小太監們很疑惑，蔡倫該不會是瘋了，怎麼把這垃圾當成寶貝？蔡倫雙手捧著那東西，衝去問河邊的農夫：「老人家，這東西是怎麼形成的？」農夫笑著回答：「這個呀，就是漂在河裡的樹皮、爛麻、破漁網之類的，它們被水沖泡，又被太陽晒，時間久了就變成這樣，這裡到處都是！」

蔡倫抬頭看著滿山遍野的綠樹，不由得眉開眼笑。

回到宮裡後，蔡倫馬上投入了實驗。他挑選出樹皮、破麻布、舊漁網等，讓工匠切碎、剪斷，放在一個大水池中浸泡。

過了一段時間後，其中的雜質都爛掉了，而纖維不易腐爛，就保留了下來。他讓工匠們把浸泡過的原料撈起，放入石臼中，不停地攪拌，直到它們成為漿狀物，然後用竹篾[097]把這些黏糊糊的東西挑起來，等乾燥後揭下來就變成了紙。

蔡倫帶著工匠們反覆試驗，最後終於試製出既輕薄柔韌，取材容易、來源廣泛、價格低廉的紙。

人們為了紀念蔡倫，就將這種工藝造出來的紙稱為「蔡侯紙」。

「造紙術」的貢獻

後來，蔡倫挑選出品質優良的紙，進獻給漢和帝。漢和帝試用後非常滿意，當場讚揚了蔡倫的這一發明，同時下令推廣造紙術。

從此，造紙術誕生了。在此之前，商朝把漢字刻在龜甲獸骨上，但是甲骨的來源有限，且不便攜帶儲存，所以人們後來把漢字刻在簡牘上。簡和牘是用竹片或木片做成的，狹長的稱「簡」，略寬的稱「牘」。由於一片簡只能刻幾個字，所以寫一篇文章就要用許多簡，寫完之後人們用繩子把簡串起來，成為「冊」。雖然做簡牘的材料遍地都是，但是它們太笨重，據說秦始皇每天批閱用簡牘寫的奏章重達一石（約三十公斤）。後來也

[097] 篾：ㄇㄧㄝˋ。

有人用絲帛作為書寫材料，它柔軟輕便，易於書寫，可惜量少價高，這一弱點也使它難以推廣。

蔡倫發明的造紙術，與指南針、火藥、印刷術並稱為中國古代的四大發明，厥功甚偉。

相關連結：「造紙術」的傳播

蔡倫發明了新型的造紙技術後，這種技術就從河南傳向經濟文化發達的地區。蔡倫被封為龍亭侯，造紙術就傳到了漢中地區並逐漸傳向四川。三、四世紀時，紙基本上已經取代了帛、簡，成為唯一的書寫材料，大大促進了文化的傳播和發展。魏晉南北朝時期造紙術更是不斷革新，在原料方面，除原有的麻、楮外，又拓展到以桑皮、藤皮造紙。

電子書購買　　爽讀 APP

國家圖書館出版品預行編目資料

原來「秦漢」這麼鬧？：打輸要當戰犯、打贏被當隱患……想保住人頭到底該怎麼辦？ / 朱燕 著 . -- 第一版 . -- 臺北市 : 複刻文化事業有限公司 , 2025.07
面；　公分
POD 版
ISBN 978-626-428-161-4(平裝)
1.CST: 秦漢史 2.CST: 通俗史話
621.9　　　　　　114008139

原來「秦漢」這麼鬧？：打輸要當戰犯、打贏被當隱患……想保住人頭到底該怎麼辦？

臉書

作　　者：朱燕
責任編輯：高惠娟
發 行 人：黃振庭
出 版 者：複刻文化事業有限公司
發 行 者：崧燁文化事業有限公司
E-mail：sonbookservice@gmail.com
粉 絲 頁：https://www.facebook.com/sonbookss/
網　　址：https://sonbook.net/
地　　址：台北市中正區重慶南路一段 61 號 8 樓
8F., No.61, Sec. 1, Chongqing S. Rd., Zhongzheng Dist., Taipei City 100, Taiwan
電　　話：(02) 2370-3310　　傳　　真：(02) 2388-1990
印　　刷：京峯數位服務有限公司
律師顧問：廣華律師事務所 張珮琦律師

定　　價：299 元
發行日期：2025 年 07 月第一版
◎本書以 POD 印製